Die Paradies-Diät

Gedruckt nach der Richtlinie des
Österreichischen Umweltzeichens
„Druckerzeugnisse“,
Druckerei Theiss GmbH, Nr. 869

FSC
www.fsc.org
MIX
Papier aus verantwortungsvollen Quellen
FSC® C012536

Bernhard Salomon, Veronika Lichtner-Hoyer: Die Paradies-Diät

www.edition-a.at

Lektorat: Angelika Slavik, Anatol Vitouch
Umschlag: Andrea Maria Dusl (Illustration), Kyungmi Park
Gestaltung: Susanna Barborik

Gesetzt in der *Premiéra*
Gedruckt in Europa

1 2 3 4 5 — 18 17 16 15

ISBN 978-3-99001-100-3

Bernhard Salomon

Die Paradies-Diät

Nur noch rohes Obst und Gemüse

Mit Tipps und Rezepten von
Veronika Lichtner-Hoyer

REZEPTE

INHALT

DIE ENTSCHEIDUNG

Tag null

Ich öffne die Balkontür, um die Meeresluft hereinzulassen. Die Märzabende auf den Kanaren sind kühl, aber das tagsüber etwas muffig gewordene Hotelzimmer kann eine frische Brise gebrauchen. Im Fernsehen läuft eine Vorabendsendung, in der eine Ernährungswissenschaftlerin zu Gast ist. Ich schalte die Leselampe ein, lege meinen Stapel an Zeitungen, Manuskripten und Büchernauf den Glastisch und will den Fernseher ausschalten. „Es ist eine Reinigung des Körpers, des Geistes und der Seele", sagt die Ernährungswissenschaftlerin gerade.

Die Moderatorin, deren Leibesfülle ihr die Brüste aus dem Kleid drängt, runzelt die Stirn. „Aber nur noch rohes Obst und Gemüse?", sagt sie. „Ist das denn gesund?"

Ich habe bisher nicht genau hingehört und bleibe mit der Fernbedienung in der Hand stehen. Auch in Mitteleuropa rückt die Badesaison näher, und da ist Abnehmen ein Thema. Aber nur noch rohes Obst und Gemüse essen? Ich ernähre mich seit Langem vegetarisch und seit Kurzem vegan, aber ich kann die Verwunderung der Moderatorin verstehen. Dieser Vorschlag erscheint auch mir für eine Sendung wie diese einigermaßen radikal.

Die Ernährungswissenschaftlerin lächelt selbstbewusst. Als Antwort auf die Frage der Moderatorin liefert sie eine jener Phrasen, die angesichts der Komplexität des Themas Ernährung immer mehrheitsfähig sind. „Alles mit Maß und Ziel natürlich", sagt sie. „Man darf es nicht zu lang tun."

So kann die Moderatorin schon eher damit leben. Sie entspannt sich. „Was bedeutet das jetzt in Kilos?", fragt sie. „Wie viel nimmt man dabei in einer Woche ab?"

Ich frage mich, was das eigentlich bedeuten soll: Die Reinigung des Körpers, des Geistes und der Seele. Falls das nicht auch nur eine Phrase der Ernährungswissenschaft ist, muss sie sich ja irgendwie anfühlen. Die Reinigung des Körpers kann ich mir vorstellen. Die ist zum Beispiel in Form von Detox-Kuren, Detox-Yogakursen und Heilfastenpaketen in Bio-Hotels am Markt und hat vermutlich etwas mit Durchfall zu tun. Die Reinigung des Geistes kann ich mir auch noch vorstellen. Die läuft wohl auf den klareren Kopf hinaus, von dem die Magersüchtigen immer schwärmen. Aber die Reinigung der Seele? Was kann eigentlich die?

„Das mit den Kilos hängt davon ab, wie Sie sich bisher ernährt haben", sagt die Ernährungswissenschaftlerin. „Auf jeden Fall ist nur noch rohes Obst und Gemüse zu essen ein schneller Weg zur Bikini-Figur."

Bei mir war es nie die Badehosenfigur, die mich zu Veränderungen meiner Essgewohnheiten veranlasste. Der Wunsch, schlank oder schön zu sein, oder selbst der Wunsch, gesund zu sein, hätte mir als Motivation dafür nie gereicht. Denn ich habe schon als Kind gelernt, dass Schönheit keine Kategorie sein kann. Wer Schönheit wie ein Privileg vor sich hertrug, in sie investierte und auch nur einen geringen Teil seines Selbstverständnisses aus ihr bezog, stand in meiner Familie unter dem Generalverdacht der Liederlichkeit. Schlank zu sein war bei uns auch keine Kategorie. Schlank waren wir einfach. Wir waren mit einer Physiognomie ausgestattet, die nicht zum Übergewicht neigte und die uns wie der natürliche menschliche Zustand erschien. Dick waren die anderen, und wir fragten uns mangels Verständnisses für andere Physiognomien höchstens, wie sie es so weit kommen lassen konnten. Auch gesund waren wir einfach. Die einzigen Todesfälle in meiner Familie während meiner Kindheit und Jugend waren mein Großvater väterlicherseits und meine Großtante mütterlicherseits. Doch beide hatten ein langes Leben hinter sich, als sie, er mit 96 und sie mit 99, starben. Als meine Schwestern und ich Kinder und Jugendliche waren, konnten wir uns deshalb nicht vorstellen, etwas anderes als gesund zu sein, und dieses Lebensgefühl schuf wohl jahrzehntelang seine eigenen Fakten. Es machte jede Krankheit, die uns dann doch ereilte, zu einem von Natur aus rasch vorübergehenden Zustand.

Was mich doch bewog, meine Essgewohnheiten laufend zu hinterfragen, war eine mir von meiner, väterlicherseits durch eine puritanische katholische Tradition geprägte, Familie in die Wiege gelegte Idee. Sie bestand darin, dass Verzicht im Sinne der Entwicklung des Individuums etwas Gutes ist. Oder anders ausgedrückt: Bei uns war klar, dass jemand, der etwas werden wollte, sich zu beherrschen lernen musste.

So waren etwa unsere Bergtouren mit meinem Vater immer geprägt von schrecklichem Durst. Das Trinken vor und während des Aufstiegs war tabu, weil es uns seiner Meinung nach müde gemacht hätte. Oben ging es weiter. Ich erinnere mich an eine Ankunft bei einer Berghütte, bei der meine Schwestern und ich nach den großen Gläsern mit perlendem Soda-Himbeer gierten, die vor den anderen Kindern standen. Doch für uns hätte so ein Soda-Himbeer den Verlust unserer Ehre bedeutet. „Ein Sieger ist, wer auch jetzt verzichtet", sagte mein Vater. Wir warteten also, und nach einer halben Stunde tranken wir heißen Tee in kleinen Schlucken.

In der Pubertät beschloss ich, auf den Verzicht zu verzichten, doch als ich 27 war, kehrte er durch meinen besten Freund Felix in mein Leben zurück. Unsere Freundschaft hatte dazu geführt, dass wir ständig in allen Dingen, die uns gerade wichtig erschienen, miteinander konkurrierten und einander als Folge wechselseitiger Bewunderung gleichzeitig in allem nachahmten. Letzteres, obwohl wir zwar gleich alt, gleich groß und gleich gebaut waren, aber denkbar unterschiedliche Charaktere hatten. Felix' Ziel bestand darin, richtig gut zu leben, meins darin, die Welt gründlich zu verändern. Ein Unterschied, der vermutlich daher kam, dass Felix viel besser aussah als ich.

Wir ernährten uns von Brat- und Burenwürsten, Bier und Zigaretten, und die große Sache in unserem Leben war die Hoffnung auf eine glänzende Zukunft. Das, obwohl Felix ohne echte Aussicht auf einen Abschluss Medizin studierte und ich ein Literatur-Stipendiat mit ebenfalls zweifelhaften Perspektiven war. Doch als Felix Katharina kennenlernte, änderte sich das. Katharina entstammte einer Adelsfamilie, nach der Wiener Parks und Gassen benannt waren, und sie wurde für uns zu so etwas wie einem greifbaren Stück Hoffnung, dem wir sogar Informationen entlocken konnten. Als Felix unter ihrem Einfluss zuerst mit Bier und Zigaretten und dann mit Brat- und Burenwürsten aufhörte, tat ich es auch, sicherheitshalber, um nicht den Anschluss zu verlieren.

Es ging uns nicht um den Ersatz von etwas dick Machendem durch etwas schlank Machendes, von etwas hässlich Machendem durch etwas schön Machendes oder von etwas krank Machendem durch etwas gesund Machendes. Unter Katharinas manchmal amüsierten und manchmal nachdenklichen Blicken

BANANEN-DATTEL-FRÜHSTÜCK

Zutaten: vier mittlere Bananen, 470 Milliliter Kokoswasser, vier Medjool-Datteln, eine Prise Zimt, ein halber Teelöffel Vanillepulver, eine fein geschnittene Banane.

Zubereitung: Alle Zutaten bis auf die fein geschnittene Banane fein pürieren. Mit der Banane verzieren.

maßen wir uns jetzt eben in Selbstüberwindung, und wenn wir vom Wiener Kohlmarkt kommend auf dem Weg zur Ringstraße waren, interpretierten wir die Herakles-Figuren links und rechts vom Tor zur Hofburg in diesem Sinn. Sie zeigen den griechischen Helden, der es immerhin in den Olymp geschafft hat, mit Kerberus und Hydra, und der Höllenhund und die vielköpfige Schlange schienen uns für das Schwache in uns zu stehen, für das Tierische, dessen Überwindung die schwierigste und zugleich lohnendste Kraftprobe für jeden jungen Mann war, weil er es dabei mit sich selbst aufnehmen musste.

Charles Bukowski, der mit der Poesie, die er seinem kaputten Leben abgewann, eben noch mein Held gewesen war und als dessen Epigone ich an meiner Kraft, meiner Jugend und meinen Illusionen gescheitert war, erschien mir jetzt wie ein kläglicher Werbeträger von zwei Wirtschaftszweigen, der Alkohol- und der Tabakindustrie. Ich entwickelte meine eigene Methode im Aufhören mit etwas, die ganz gut funktionierte, weil sie Rückfälle zum Teil des Plans machte. Wenn ich entgegen meiner Vorsätze eine Zigarette rauchte, beobachtete ich mich dabei, analysierte meine Empfindungen vor, während und nach dem Rauchen, maß die Abstände zwischen meinen Rückfällen und stellte sie in Zusammenhang mit meiner jeweiligen Belastungssituation, sowie dem Stand des Mondes. Irgendwann freute ich mich dann immer schon auf die nächsten Rückfälle, um meine Forschungen weitertreiben zu können, und immer etwa ab da hatte ich keine mehr.

Vegetarier zu werden war besonders einfach. Statt mit Brat- und Burenwürsten stopfte ich mich mit Nudeln und Käse voll. Die Gier von einem Feld ins andere zu verschieben, erfordert zwar eine gewisse Kraftanstrengung, doch mit etwas Übung geht das irgendwann. Womit ich mich vollstopfte, war mir schließlich egal, zum Problem wurde das Vollstopfen selbst. Ich war, als ich mich damit zu befassen anfing, eine Weile außerstande, etwas unberührt zu lassen, von dem ich wusste, dass es sich in meinem Kühlschrank befand, und es gab kaum einen Tag, an dem ich mich dem Olymp nahe gefühlt hätte. Zu dieser Zeit fing ich auch an, regelmäßig Sport zu betreiben, wobei ich mich an einen Rat meines Vaters hielt: Denke gründlich darüber nach, ob du wirklich laufen gehen willst, aber tue es, während du läufst.

Immerhin schien sich die mir ins Leben mitgegebene Idee, dass sich beherrschen lernen muss, wer es zu etwas bringen will, anhand Felix' und meines Lebenslaufes zu bestätigen. Während Felix jetzt mit Hochdruck studierte und ein angesehener Lungenfacharzt wurde, wurde ich Pressereferent zuerst in der Entwicklungspolitik und dann in der Bundespolitik, und schließlich Wirtschaftsredakteur mit Schwerpunkt Nahrungsmittelindustrie bei einem damals angesehenen Wochenmagazin. Ich fand, dass ich Glück gehabt hatte, mehr Glück als meine Freunde von einst, die mich immer fragten, was ich mit meiner puritanischen Philosophie eigentlich noch vom Leben hätte. Wenn ich sah, wie sie so ungefähr ab der Midlifecrisis schon auf dem leicht ansteigenden Weg vom Schweden- zum Stephansplatz zu keuchen anfingen, hätte ich ihnen diese Frage oft genug meinerseits stellen können.

Vor drei Jahren kam ich dann bei einem Chor-Konzert mit Veronika, einer jungen veganen Bäckerin, ins Gespräch. Ich hatte meine Karriere als Wirtschaftsjournalist beendet, als sich die Gelegenheit ergeben hatte, einen kleinen Buchverlag, der ursprünglich ein Hobby gewesen war, auszubauen und mich gleichzeitig auf Ghostwriting zu spezialisieren. Beides war viel Arbeit, was mich aber nicht störte, weil Arbeit meine Art war, am Leben teilzunehmen. Doch obwohl die Dinge gut liefen und ständig interessante neue Optionen auftauchten, hatte ich nie das Gefühl, den Durchbruch richtig zu schaffen. Das Bewusstsein, dass jede Krankheit ein von Natur aus vorübergehender Zustand sei, hatte ich auch verloren. Felix war tot, und es erschütterte mich in meinen Grundfesten, dass jemand wie er, der einen so weiten Weg gegangen war, in so jungen Jahren und auf so grausame Weise dem Krebs erliegen musste. Ich hustete jedes Jahr von Anfang November bis Ende April, schlief schlecht, hatte nachmittags Durchhänger und betrachtete Menschen zu etwa zwanzig Prozent als Lebenden und zu achtzig Prozent als Sterbenden.

„Das Husten kommt von deiner falschen Ernährung“, sagte Veronika, als ich sie nach dem Konzert zu ihrem alten roten Audi begleitete. Als ich ihr sagte, dass ich bis auf ab und zu mal

Lachsfilet mit Petersilkartoffel Vegetarier sei, schüttelte sie den Kopf. „Es kommt von den Milchprodukten. Sie verschleimen deinen Körper, und dieser Schleim ist dann der Nährboden für die Bakterien."

„Aber Joghurt?", sagte ich. „Das ist doch gesund?"

„Glaub es weiter, wenn du willst", sagte sie. „Aber es stimmt nicht."

Die Natur habe Milch hervorgebracht, damit eine Kuh ein Kalb innerhalb weniger Wochen auf ein Gewicht von mehreren hundert Kilo bringen könne, erklärte sie mir. Es sei nur logisch, dass eine Flüssigkeit mit der dafür notwendigen biochemischen Zusammensetzung dem menschlichen Organismus nicht gut tue. Ich erinnerte mich, wie ich als Kind einmal eine Kuh betrachtet hatte, die schwer und stumm wie ein gehörnter Buddha in der Abenddämmerung stand. Wir Menschen trinken ihre Milch, dachte ich damals, wir ziehen mit ihrer Milch unsere Babys groß, wir machen daraus Käse, Butter, Rahm, Joghurt und alle möglichen anderen Sachen, wir essen ihr Fleisch in Form von Rindsschnitzeln, Rindsbraten, Rindsgulasch oder Tafelspitz, wir machen Würste aus ihr, und wir essen sogar ihre Innereien. Ich fand das schrecklich. Nicht, weil mir die Kuh leid getan hätte oder ich gesundheitliche Überlegungen angestellt hätte. Ich fand es auf gewisse Weise respektlos von uns Menschen uns selbst gegenüber, dass wir unsere körperliche Existenz so sehr auf diesem Geschöpf aufbauten. Ich war jetzt jedenfalls bereit, Veronika zu glauben.

Vier Wochen später räumte ich mit beiden Händen zuerst mein Büro-Fach für Mittelchen gegen Husten aus, und dann das daheim. Ohne Milch und Milchprodukte brauchte ich sie nicht

ORANGEN-SPINAT-BASILIKUM-SMOOTHIE

Zutaten: 600 Milliliter frisch gepresster Orangensaft, 250 Gramm Spinat, vierzig Gramm frischer Koriander oder frisches Basilikum.

Zubereitung: Alle Zutaten im Mixer gut pürieren.

mehr, und wenig später waren auch meine schlechten Träume und meine nachmittäglichen Durchhänger weg. Denn Veronika hatte mir erklärt, dass beides mit raffiniertem Zucker zu tun habe. Geübt im Aufhören mit etwas fiel mir der Verzicht auf Milchprodukte und Zucker nicht einmal schwer. Die Abhängigkeit von Zucker überwand ich relativ rasch, und Milchprodukte schienen mir überhaupt nur eine Frage der Routine zu sein. Veronika, die neben ihrer Tätigkeit als Bäckerin Firmen und Privatkunden in Ernährungsfragen beriet, lobte mich. „Die meisten meiner Klienten wollen nur hören, wie es ginge, und dann weitermachen wie bisher", sagte sie.

Bei der Gelegenheit erzählte sie mir zum ersten Mal von den Vorteilen einer Ernährungsumstellung auf nur noch rohes Obst und Gemüse, wobei sie das nicht wie die Ernährungswissenschaftlerin im Fernsehen als vorübergehende Diät sah, sondern als neue Ernährungsweise. Sie war durch eine Krankheit darauf gekommen. Als sie 26 war, diagnostizierten die Ärzte bei ihr einen Gehirntumor. Eine Operation stand an, doch deren Ausgang war ungewiss, und Veronika befürchtete, dass die Ärzte dabei nicht die Wurzel ihres Problems entfernen würden. Deshalb entschied sie sich vorerst gegen eine Operation und für eine Ausbildung in Sachen Ernährung, die sie in einer kleinen holländischen Stadt absolvierte. Internationale alternative Ernährungsspezialisten fanden sich dort ein.

„Sie werden nie wieder ein Problem mit diesem Tumor haben", sagte ihr ein Spezialist für ihre Erkrankung, von dem sie sich erst zwei Jahre nach der Diagnose operieren ließ. „Sie sind eine von nur wenigen Patientinnen, denen ich das mit gutem Gewissen sagen kann." Ob das wirklich mit ihrer Ernährung zu tun hatte, wusste niemand, auch Veronika selbst nicht, doch es motivierte sie, sich weiter mit dem Thema zu befassen.

Ihre Quintessenz daraus war, dass die Natur nicht nur alle Lebewesen hervorgebracht hat, sondern für jedes Lebewesen auch gesunde und heilende Nahrung, bei der es sich bedienen kann. Was bedeutete, dass wir Menschen uns ideal ernähren, wenn wir essen wie in der Wiege des Lebens. Wir mussten uns nur nach den Dingen umsehen, die in einer intakten Natur von selbst für uns da wären. Das waren Obst, Gemüse, Samen und Nüsse. „Da würde ich ja gar kein Eiweiß mehr kriegen", sagte ich, als wir zum ersten Mal darüber sprachen.

„Dann würden die Berggorillas auch kein Eiweiß kriegen", sagte sie. „Die fressen nur Grünzeug. Hast du dir das schon einmal überlegt?"

Idealerweise sollte laut Veronika jemand, der nur noch rohes Obst und Gemüse aß, achtzig Prozent seiner Kalorien aus Kohlehydraten, also vor allem aus Obst, zehn Prozent aus Eiweiß, also aus Grünzeug und zum Beispiel Orangen, und zehn Prozent aus Fett, etwa aus Avocados, Nüssen und Samen, beziehen. So sahen das auch die amerikanischen Pioniere dieser Form der

KARIBISCHE SUPPE

Zutaten: 200 Gramm Tomaten, siebzig Gramm Papaya, fünfzig Gramm geschnittene Selleriestange, vier Esslöffel Limettensaft, zwei Esslöffel frisches Basilikum, vier Esslöffel Frühlingszwiebel.

Zubereitung: Alle Zutaten bis auf die Frühlingszwiebel zu einer Suppe pürieren und mit fein geschnittener Frühlingszwiebel verzieren.

Ernährung, Kristina Carrillo Bucaram und Douglas Graham, mit denen sich Veronika beschäftigt hatte und die inzwischen so etwas wie einen amerikanischen Trend dazu bedienten.

Für mich war die Vorstellung, nur noch rohes Obst und Gemüse zu essen, und sei es vorübergehend, trotz allem viel zu schräg. Wenn Veronika davon zu reden anfing, wurde ich immer ein bisschen unkonzentriert. Ich hatte als Kind gelernt, dass Obst keine Nahrung ist, sondern etwas, das ich aus langweiligen gesundheitlichen Gründen zwischendurch zu essen habe und das nicht einmal so gut schmeckt wie der damals moderne tägliche Löffel des Multivitamin-Sirups *Sanostol* und die ebenfalls modernen Fluortabletten mit Zitronengeschmack für die Zähne.

An einem warmen Herbstabend sprach ich dann doch mit Veronika darüber. Wir saßen im Garten vor ihrer Wohnung am Reiterhof ihrer Eltern und ich spielte mit einem ihrer Hunde, einem Jack-Russell-Terrier, während hinter einer Hecke die Reiter am beleuchteten Sandplatz ihre Runden drehten.

„Ich glaube, wir sind von Natur aus kraftvolle selbstmächtige Wesen, die fähig sind, sich zu entfalten und etwas Neues zu erschaffen", sagte Veronika. „Doch wenn wir in diese Selbstmächtigkeit kämen, wären wir gefährlich für das System, in dem es nur wenige Mächtige geben soll. Deshalb hält uns das System mit schwächender Nahrung klein. Unsere Supermärkte sind zu 75 Prozent mit Produkten gefüllt, die uns unsere Mineralstoffe rauben, mit unserer Körperchemie spielen und uns dabei nicht nähren, sondern schwach, taub und ängstlich halten."

Die Schatten der Reiter huschten über die Hauswand. „Schau dich mal in der Stadt um", sagte Veronika. „Ich sehe dort viel zu viele schwache, etwas schwabbelige Menschen mit unzufriedenen Gesichtern, und bei vielen frage ich mich, wie sie es bei einem Feueralarm rasch aus dem Haus schaffen würden. Würden wir nur noch rohes Obst und Gemüse essen, wären wir nicht nur schlanker, stärker und gesünder, sondern auch klarer im Kopf, empathischer, spiritueller und glücklicher. Unsere Ängste würden verschwinden. Niemand hätte mehr Panikattacken und wir wären viel schwerer zu steuern und zu manipulieren als jetzt. Vielleicht wären wir gar nicht mehr zu steuern und zu manipulieren. Deshalb sorgt die Nahrungsmittelindustrie mit ihrem Geld für eine Meinungsbildung im Gesundheitswesen und in den Medien, die uns glauben lässt, unsere derzeitige Ernährung sei die beste, die wir je hatten. In Wirklichkeit ist sie eine der schlechtesten, die wir je hatten."

Veronika ist viel zu still und sanft für eine Revolutionärin. Umso glaubwürdiger klingen Sätze wie diese, wenn sie ausgerechnet von ihr kommen. Die Idee, nur noch rohes Obst und Gemüse zu essen, erschien mir trotzdem weiterhin zu schräg.

Immerhin dachte ich jetzt darüber nach. Hielt ich in dieser Sache vielleicht etwas für meine Meinung, das gar nicht meine Meinung war?

Ich wusste noch, was ich dachte, als Veronika zum ersten Mal damit anfing. Dass jemand, der sich so ernähren würde, unansehnlich und wahrscheinlich krank, fahl und schwach werden würde, dass seine Zähne durchsichtig oder faul und seine Knochen morsch werden würden und dass er vielleicht eines Tages auf der Straße einfach umkippen würde. War ich nur dem Meinungsdiktat der Nahrungsmittelindustrie erlegen und stimmte das alles gar nicht?

Ich schließe die Balkontür, weil mein Zimmer hier auf Teneriffa zwar eine Klimaanlage aber keine Heizung hat, und lese, bis ich einschlafe. Doch als ich am nächsten Morgen zu den Schwimmbecken gehe, fällt mir die Ernährungswissenschaftlerin aus dem Fernsehen wieder ein. *Man darf es nicht zu lang tun.* Ich finde dieses „man", mit dem ihre Berufsgruppe immer die ultimative Instanz für sich vereinnahmt, ärgerlich. Viele Menschen sind in Sachen Ernährung verunsichert, denke ich, sie wollen etwas ändern, wissen nicht genau wie und werden dann zur leichten Beute von anderen, die vielleicht auch nur Phrasen wiederholen.

Ich lege bei den Schwimmbecken meinen Stapel mit Lektüre auf den Boden. Veronika hat sich bereits in ihrem Liegestuhl ausgestreckt. Wir sind inzwischen befreundet und haben uns entschlossen, diese Auszeit vom Winter gemeinsam zu nehmen. Ich frage mich, was die Ernährungswissenschaftlerin im Fernsehen in Sachen nur noch rohes Obst und Gemüse wohl unter

„zu lang" versteht. Da die Fastenzeit vierzig Tage dauert, würde sie diese vierzig Tage vermutlich schon ziemlich lang finden. Erst recht jeden Zeitraum, der darüber hinausgeht. Zweimal vierzig Tage zum Beispiel. Davor würde sie sicherlich warnen. Sie würde vielleicht sagen, dass dann die Zähne durchsichtig und faul und die Knochen morsch werden könnten und dass jemand nach achtzig Tagen mit nur noch rohem Obst und Gemüse einfach auf der Straße umkippen könnte.

Ich kriege Lust, aus Sicht dieser Ernährungswissenschaftlerin viel zu lang nur noch rohes Obst und Gemüse zu essen und dabei herauszufinden, wie sich die Reinigung des Körpers, des Geistes und der Seele wirklich anfühlt. Auch um es dieser Frau samt ihrer Zunft, die mit der vermeintlichen Objektivität des wissenschaftlich Erwiesenen letztlich das bestehende Ernährungssystem legitimiert, zu zeigen. Ich will wissen, ob es stimmt, was Veronika gesagt hat. Macht mich nur noch rohes Obst und Gemüse zu essen wirklich stärker und gesünder, klarer im Kopf, empathischer, spiritueller und glücklicher?

Ich suche nach einem Zeitraum, der wegen seiner radikalen Länge eine richtige Provokation für diese Ernährungswissenschaftlerin wäre. Dreimal vierzig Tage zum Beispiel. Als ich das in Monate umrechne, kommen mir vier dann doch viel vor, aber die Herausforderung ist stärker. „Ich werde es tun", sage ich spontan zu Veronika, die sich gerade ihre Sonnenbrillen aufsetzt.

„Was wirst du tun?", fragt sie.

Mir fällt ein, dass es wahrscheinlich noch zu früh ist, ihr meinen Entschluss mitzuteilen. Ich will mich erst noch damit vertraut machen. Ich stehe auf. „Ich werde jetzt in dieses verdammt kalte Becken springen", sage ich.

Als ich aus dem tatsächlich verdammt kalten Becken zurück bin und mich abtrockne, kommt mir die Idee schon wieder schwierig vor. Werde ich das wirklich schaffen? Ich beschließe, einen Report über meinen Selbstversuch zu schreiben. Damit wird das ganze zu einem Job, was es für mich leichter macht. In Jobs war ich schon immer diszipliniert.

Am Abend trete ich auf den Balkon meines Hotelzimmers und frage mich, wie es sein wird. Rund um die Becken brennen jetzt Fackeln und werfen ihren Schein über die Anlage. Ich denke daran, dass meine Ernährung jetzt für eine Weile ohne Feuer auskommen wird. Auch das Paradigma unseres Ernährungssystems, dass „man" einmal am Tag eine warme Mahlzeit braucht, steht zur Prüfung.

Mein vorletzter Gedanke vor dem Einschlafen ist, dass die Natur, die Evolution, Gott oder wer auch immer, der uns Menschen erschaffen hat, ziemlich unklug gewesen wäre, hätte er uns so geschaffen, dass wir tatsächlich einmal am Tag eine warme Mahlzeit brauchen. Denn er hätte ziemlich hoch gepokert, wäre er davon ausgegangen, dass wir schnell genug mit dem Feuer umzugehen lernen würden, und er hätte verloren. Der Homo Sapiens hat erst vor rund 40.000 Jahren gelernt, Feuer zu machen. Er konnte es zwar davor schon nutzen, indem er brennende Äste von Waldbränden mitnahm, aber bekamen unsere Vorfahren davon täglich eine warme Mahlzeit ab? Bräuchten wir wirklich Gekochtes zum Überleben, gäbe es uns womöglich einfach nicht, denke ich, und das Maß der Dinge in Sachen Evolution wären auf diesem Planeten vielleicht Molche oder Insekten.

Danach fällt mir noch ein, dass es keinen eindeutigen Namen für meine künftige Art der Ernährung gibt. Menschen, die nach

Veronikas Kalorienplan nur noch rohes Obst und Gemüse essen, sind weder Vegetarier noch Veganer. Sie sind eigentlich auch keine typischen Rohveganer. Denn die räumen Nüssen in ihrem Leben einen ähnlichen Stellenwert wie den ein, den Kühe im Leben der meisten anderen Menschen haben. Sie machen aus Nüssen Käse und alle möglichen anderen Nahrungsmittel und ernähren sich damit in erster Linie von Fett.

Es gibt bloß einen englischen Namen dafür. Ich habe ihn zum ersten Mal von Veronika gehört und er ist ziemlich kompliziert. Das macht ihn für mich unverdächtig in Sachen Zugehörigkeit zu irgendeiner Fraktion supergrüner Grasfresser: *Low fat raw vegan.* Veronikas amerikanische Vorbilder Douglas Graham und Kristina Bucaram benutzen ihn, doch wie viele im Englischen generierte Begriffe verliert er den letzten Rest seines Charismas, als ich ihn ins Deutsche übersetze: Wenig Fett, roh vegan. Schauen wir mal, denke ich.

DER ANFANG

Tag 1

Als ich am Morgen die Vorhänge öffne, kann ich kaum glauben, was ich mir vorgenommen habe. Am Abend erschien mir mein Plan, ab heute nur noch rohes Obst und Gemüse zu essen, noch wie die logische Konsequenz meiner Überlegungen. Jetzt kommt mir das Ganze zunächst vor, als hätte ich gestern mit mir selbst blöde Witze gemacht und wäre darauf hereingefallen. Wenig Fett, roh vegan? Das kann ja heiter werden. Ich denke nicht an die 120 vor mir liegenden Tage, sondern nur daran, wie ich das Frühstück überleben soll.

Zum Frühstücksraum müssen wir einen Gang mit künstlich beleuchteten Zimmerpflanzen entlang, eine Treppe hoch, hinaus ins Freie und dort über drei Ebenen wieder nach unten. Unterwegs denke ich, dass Veronikas Ernährungsthese gut klingen mag, dass aber bei den meisten Thesen für mich auch die Gegenthese stimmt. Zumindest war ich als Wirtschaftsjournalist meistens bereit, zu jedem Thema ein halbwegs schlüssiges „Pro" und ein halbwegs schlüssiges „Kontra" zu schreiben: Der Kapitalismus bringt als wirtschaftlicher Motor der Entwicklung die Menschheit voran. Der Kapitalismus beutet als System der Reichen die Armen aus. Überzeugungen waren für mich immer etwas für Menschen, die sich mit einem Wall aus einseitigen Argumenten vor der Komplexität der Welt zu schützen versuchen und dabei engstirnig werden. Wahrheit bleibt für mich immer eine These. Das Zertifikat „wissenschaftlich erwiesen" vereinfacht das Argumentieren, doch ich bin sicher, dass auch Wissenschaftler nur Thesen aufstellen, die sie mit passenden Informationen ausstatten. Ultimative Wahrheiten gibt es für mich also kaum, und wenn, fehlt ihnen der Spaßfaktor, denn das Ultimative fühlt sich wie Stillstand an. Alles Ultimative ist ein Dogma, finde ich, aber die Zeit der Dogmen ist vorbei. Ich jedenfalls war nie bereit, mich einem Dogma, einer Ideologie oder auch nur einer Philosophie unterzuordnen. Nur noch rohes Obst und Gemüse zu essen macht schlanker, stärker, gesünder, klarer im Kopf, empathischer, spiritueller und glücklicher. Stimmt das?

Der Geruch nach gebratenen Eiern und Speck im Frühstückssaal ist mir an unseren ersten Tagen in dem Hotel gar nicht aufgefallen. Doch heute macht er mich ganz irre. Ein Gedanke drängt sich mir auf: Verzicht ist auch nur ein Dogma, eins für Verlierer. „Soll ich gebratene Eier mit Speck essen?", frage ich Veronika.

Ich erwarte dabei, dass sie nickt. Denn Veronika findet nicht, dass Menschen sich kasteien sollen. Sie findet, dass Menschen sich etwas gönnen sollen, dass sie sich aber fragen sollen, warum sie es sich gönnen wollen. Sie selbst kennt die Antworten auf diese Frage: Wer sich etwas Süßes gönnen will, hat zu wenig Obst gegessen, und wer sich etwas Salziges gönnen will, hat zu wenig Gemüse gegessen. Etwas in der Art wird sie wahrscheinlich sagen, denke ich, und damit wäre ich schon über diesen Moment der Schwäche hinweg. Doch Veronika reagiert nicht. Sie ist zu sehr mit ihrer eigenen Frühstücksplanung beschäftigt.

Zum Glück bin ich geübt darin, neue Esskonzepte an den Einflüsterungen meiner Gier vorbeizuschmuggeln. Ich vertraue dann statt auf meine Instinkte auf meine Erkenntnisse. Eine davon besteht darin, dass die Sache mit dem tollen tierischen Eiweiß bloß eine alte, aber trotzdem falsche Legende ist. Ich habe mich als Vegetarier und Veganer gut genug darüber eingelesen, um bei den Diskussionen, die mein Essverhalten zwangsläufig auslöst, mithalten zu können. Ich habe immer vier Argumente im Hinterkopf.

1. *Pflanzliches Eiweiß ist leichter verdaulich und kommt im Gegensatz zu tierischem mit weniger Fett, Cholesterin und anderem ungesunden Zeug. Fleisch schädigt die Blutgefäße, und genau wie Milchprodukte entzieht es dem Körper Mineralstoffe, was zu Parodontose, Osteoporose und Arthrose führen kann. Außerdem belastet Fleisch die Bauchspeicheldrüse, auf die wir besonders gut aufpassen sollten. Sie produziert bei pfleglicher Behandlung Enzyme, die Krebszellen zerstören können.*
2. *Die meisten Menschen überschätzen ihren Bedarf an Eiweiß. Als Säugling hat der Mensch den höchsten Bedarf daran, trotzdem bestehen nur neun Prozent der Kalorien von Muttermilch aus Eiweiß. Die Weltgesundheitsorganisation spricht von zehn Prozent unserer Kalorien, die wir aus Eiweiß beziehen sollten, wobei sie wohl zur Sicherheit schon übertreibt. Wahrscheinlich würden uns auch drei bis fünf Prozent reichen und wir bekämen genug Eiweiß, wenn wir den ganzen Tag nur Bananen essen würden.*
3. *Zu viel Eiweiß kann unser Körper nicht speichern. Der Abbau belastet die Leber und die Nieren. Das dabei entstehende Übermaß an Harnsäure lagert sich ab und kann zu Gicht und Nierensteinen führen.*
4. *Echte Fleischfresser unter den Tieren haben einen kürzeren Verdauungstrakt und eine zwanzig Mal stärkere Magensäure als wir. Unser Magen kann das Fleisch nicht richtig vorverdauen und es bleibt zu lange in unserem Körper. Im Darm stört das tierisches Eiweiß dann das gesunde Gleichgewicht von Gärungsbakterien*

und Fäulnisbakterien, zu Gunsten der Fäulnisbakterien. Meine böse Pointe an dieser Stelle lautet: Das tierische Eiweiß ist der Grund, warum Fleischesser mehr Klo-Deos brauchen als Veganer.

Wenn ich meinen Gesprächspartnern die Freude an ihrem Tafelspitz oder ihrem Pfeffersteak mit Speckbohnen richtig verderben will, versuche ich es mit der Organspender-Geschichte. Dabei geht es um die emotionalen Belastungen durch Fleisch. Es ist schon lange keine Esoterik mehr, sage ich dann, dass sowohl der menschliche als auch der tierische Organismus in seinen Organen und Geweben Emotionen in Form von Energie speichert. Bei einer Organspende übernimmt der Empfänger Emotionen des Spenders. Das Gleiche gilt für das Essen von Fleisch, und wer will die Emotionen der Tiere, von denen es kommt, wirklich haben? Denn die allermeisten von ihnen haben es richtig schlecht erwischt. Die Fleischindustrie hat sie von Geburt an mit Hilfe von Zwangsernährung mit gentechnisch veränderten Futtermitteln, sowie mit Wachstumshormonen und Unmengen an Antibiotika wie atmende Produkte verarbeitet. Die in ihrem Fleisch gespeicherten Emotionen, die in den Körper des Tafelspitz- oder Pfeffersteak- mit Speckbohnen-Essers übergehen, sind deshalb Wut, Angst und Verzweiflung.

Sollte die Diskussion noch weitergehen, bringe ich die Sache mit dem Klimawandel und dem Hunger in der Welt, jene Argumente, die meine Gesprächspartner am ehesten abnicken, die aber trotzdem am wenigsten ziehen. Dass Fleischverzehr den Hunger in der Welt und den Klimawandel begünstigen, ist als Problem einfach zu diffus. Deshalb sage ich nur, wenn es jemand wirklich wissen will, dass die Herstellung von einem

Kilo Fleisch hundert Kilo Getreide erfordert, das dann im Kampf gegen den Hunger fehlt, und dass jedes Kilo Rindfleisch 17 Kilo Treibhausgase verursacht. Ganz abgesehen von den Unmengen an tierischen Fäkalien, die das Grundwasser verseuchen.

Der Tag, an dem bei einem Waldbrand ein brennender Ast auf ein totes Tier fiel und sich ein Urmensch dachte, wow, das riecht aber gut, war jedenfalls eindeutig ein schlechter Tag für die Menschheit. Soll ich jetzt trotzdem gebratene Eier mit Speck essen? Obwohl ich seit Jahren keine Lust mehr darauf hatte, brauche ich jetzt alle meine Argumente für mich selbst. Es ist, als hätte mein Gehirn im Wissen um meinen neuen Ernährungsplan Alarmsignale an meinen Körper geschickt, und der hätte aus Angst um seine ausreichende Versorgung mit Nährstoffen vorsorglich Lustsignale, die ich längst für überwunden gehalten hatte, an mein Gehirn zurückgeschickt.

„Für dich grünen Tee?", fragt Veronika, als ich mit einem Teller voll Bananen, Weintrauben und Kiwis zu unserem Tisch komme. Sonst hatte ich zum Frühstück immer welchen.

„Nein danke."

Nicht einmal grüner Tee geht noch, denke ich. Das wird mir erst jetzt klar. Ich kann nur noch Wasser und frische Fruchtsäfte trinken, doch die bunten Smoothies am Frühstücksbuffet schmecken nach Zucker. Veronika, die gerade mit der Reaktionsgeschwindigkeit ihres daheim gebliebenen Freundes Dominik auf ihre SMS hadert, probiert sie auch und nickt. Zucker. Ich sehe mich nach etwas anderem um, das mein Frühstück halbwegs sexy machen könnte. Zwischen den Platten mit Käse, Schinken, Wurst, Lachs und Aufstrichen liegen zur Dekoration pralle Papayas.

Ich stelle die Freundlichkeit der Kellner auf die Probe, indem ich so tue, als würde ich sie nicht sehen, und trage unter den neugierigen Blicken der anderen Gäste zwei der Früchte zu unserem Tisch. Veronika und ich löffeln das cremige Fruchtfleisch. Als wir mit dem Frühstück fertig sind, hinterlassen wir am Tisch einen Berg Biomüll, der wie ein kleiner Komposthaufen aussieht. Ich habe meine erste Mahlzeit überstanden, denke ich, darauf lässt sich aufbauen. Am Weg nach draußen sehe ich auch andere Gäste zufrieden Papayas löffeln. „Es ist eigentlich ganz einfach, die Welt zu verändern“, sage ich zu Veronika.

„Es braucht bloß einen, der sich traut“, sagt sie.

„Oder einen, der sich nicht traut und es trotzdem tut.“

Ich nehme vier Bananen mit. Sonst klaue ich keine Imbisse von Frühstücksbuffets, doch heute bin ich stolz auf das Ausmaß, um das ich den Stapel an kleinen Teneriffa-Bananen ganz allein reduziert habe. Aber wie soll ich das Mittag- und das Abendessen überstehen?

In meinem Zimmer schalte ich den Fernseher ein. *RTL* zeigt einen dicken Jungen. Seine Frisur sieht aus wie ein Irokesenschnitt, der in eine Fahrradkette geraten ist. Es ist offenbar eine Vorher-Nachher-Show. Neben dem Jungen ist als Holografie eine frühere Version von ihm zu sehen. Als Holografie ist er bis auf die Hose nackt und noch dicker. Da ist der Junge richtig fett. Der Moderator spricht mit der Stimme eines Einpeitschers mit ihm. „Hast du vor ein paar Monaten gedacht, dass du je als Star auf dieser Bühne stehen wirst?“, fragt er.

Der früher noch dickere Dicke steht mit gesenktem Blick da. Er spreizt die Finger seitlich weg, als versuche er gerade, nicht an der Welt anzukommen. Er kann die Holografie selbst wahr-

CREMIGE MAISSUPPE

Zutaten: 175 Gramm Mais, fünfzig Gramm Selleriestange, achtzig Milliliter Wasser, zwei Esslöffel Avocado, zwei Esslöffel Frühlingszwiebel, zwei Esslöffel frische Dille, ein Esslöffel frische Petersilie.

Zubereitung: Alle Zutaten bis auf die Kräuter cremig pürieren, danach die Kräuter hinzufügen und noch einmal kurz mixen.

scheinlich nicht sehen und antwortet wie in Trance. Offenbar ist er nicht ganz sicher, ob das der beste oder eher ein schlechter Moment in seinem Leben ist. „Niemals", sagt er.

Ich werde keine gute Vorher-Nachher-Show abgeben, denke ich. Das Gewicht von Menschen, die beleibter als ich in dieses Ernährungsabenteuer starten, mag sich zügig auf das einer tollen Bikini- oder Badehosenfigur reduzieren. Ich hingegen werde wegen meiner ohnedies schon sehr schlanken Statur eher versuchen, mein Gewicht zu halten.

Den Rest des Vormittags verbringen Veronika und ich in den Korbsesseln eines Cafés mit einem kleinen Elefanten im Logo. Es liegt zwanzig Gehminuten vom Hotel entfernt am Fuß eines Hügels. Gestern habe ich hier Tee getrunken, jetzt nehme ich Orangensaft, der mit Eiswürfeln kommt, und als ich die Eiswürfel herausnehme, sieht es aus, als hätte der kleine Elefant aus dem Logo mal eben seinen Rüssel in mein Glas gesteckt. Es ist nur noch halb voll.

„Bonobo-Affen haben fast den gleichen Organismus wie wir", sagt Veronika. „Hast du das gewusst? Sie haben zu 99 Prozent die gleiche DNS und auch das gleiche Gen für soziales Verhalten. Sie sind uns ähnlicher als die Schimpansen."

Ich trinke den Orangensaft in einem Zug und bestelle noch einen, diesmal ohne Eis. Der Wirt sieht mich an, als wüsste er nicht genau, ob ich ihn hereinlegen will, oder ob ich ihn dabei ertappt habe, wie er mich hereingelegt hat.

„Willst du wissen, was Bonobo-Affen fressen?", fragt Veronika.

Neben dem Café hält ein kleiner Lieferwagen einer Handyfirma. „Nur fünf Prozent ihrer Nahrung ist tierischen Ursprungs", sagt Veronika. „Bonobo-Affen fressen, je nach Verfügbarkeit, vierzig bis neunzig Prozent Früchte, und der Rest sind vor allem bodennahe Kräuter, Samen und Blüten. Bei ihrer tierischen Nahrung halten sie sich an Termiten, Ameisen, Würmer, Käfer und Schnecken. Nur ein Prozent ihrer Nahrung besteht aus Säugetieren. Bei Schimpansen ist das noch etwas mehr."

Wenn wir Menschen nur noch rohes Obst und Gemüse brauchen, haben wir die Fähigkeit, Fleisch zu verdauen, vielleicht nur, um in Notfällen wie Trocken- oder Eiszeiten überleben zu können, denke ich. Im Moment bedürfen wir dieser Fähigkeit nicht, dank der noch relativ komfortablen klimatischen Situation und der ausgereiften Transportlogistik, mit der wir uns zu jeder Jahreszeit und an jedem Ort mit jeder beliebigen Menge an rohem Obst und Gemüse versorgen können. Da wir trotzdem unser Notfallprogramm als Ernährungssystem nutzen, leiden wir an den Macken, die Notfallprogramme eben so haben. Das sind dann Herz-Kreislauf-Erkrankungen, Übergewicht, Krebs, Depressionen und all die anderen netten Dinge.

Ein Mann mit einer bemerkenswerten Haartolle, der auf einem Rennrad gekommen ist, gesellt sich zu dem Fahrer des Handy-Lieferwagens. Mir fällt eine der Thesen ein, mit denen ich bei meinen Vegetarier- und Veganer-Diskussionen mangels anthropologischen Fachwissens manchmal überfordert bin. „Ohne das Eiweiß von Fleisch wäre unser Gehirn vielleicht nie größer als das der Bonobo-Affen geworden", sage ich zu Veronika.

„Das ist die Anthropologie der Fleischindustrie", sagt sie.

Ich erinnere mich daran, wie ich mit einer Freundin und ihrem kleinen Sohn einmal bei der Löwenfütterung im Tiergarten Schönbrunn zusah. Veronika könnte Recht haben, finde ich. Würde die These mit dem menschlichen Hirn und dem tierischen Eiweiß stimmen, wären wahrscheinlich die Löwen die intellektuelle Elite auf diesem Planeten. Ich habe immer die These bevorzugt, dass unser Hirn wuchs, weil wir es zu benutzen anfingen. Ich mag aber auch die des Biochemikers Tony Wright und des Zoologen Graham Gynn, die sie in ihrem Buch „Return to the brain of Eden" erheben. Wright und Gynn verorten die Wiege des Lebens im tropischen Regenwald und glauben, dass unsere Vorfahren dort hauptsächlich Früchte gegessen haben. Früchte seien Organe der Fortpflanzung und deshalb vollgepackt mit biochemischen Stoffen, schreiben sie. Sehr lange hätten diese Stoffe wie ein steter Tropfen unseren Körper, unseren Geist und unsere Seele geformt, was sie mit Erkenntnissen über die neurochemischen Auswirkungen roher pflanzlicher Ernährung untermauern. Die pflanzliche Chemie habe bewirkt, dass unser Hormonhaushalt sich verändert habe und unser Gehirn immer größer geworden sei. Als wir Menschen anfingen, den Regenwald zu verlassen, wurde unser Hirn demnach wieder kleiner und weniger leistungsfähig, weil wir von nun an Wurzeln und Fleisch aßen, um zu überleben. Laut Wright und Gynn gab es damit vor sehr langer Zeit Menschengenerationen, deren Gehirn unserem weit überlegen war. So weit, dass sie technische Errungenschaften wie Handys und die Erschließung der Welt nach den Prinzipien der Logik, an der wir unsere Brillanz festmachen, vielleicht gar nicht brauchten. Dass diese Generationen keine Spuren hinterlassen haben, begründen Wright und Gynn damit, dass die klassische Anthropologie nur mit Funden arbeiten kann, die sie außerhalb der damaligen Regenwald-Gebiete gemacht hat. Die Funde stammen daher alle von Menschen, die den Regenwald bereits verlassen hatten. Die Menschen im Regenwald haben keine Spuren hinterlassen. Denn der Regenwald zersetzt alles. Nichts bleibt.

Der Fahrer des Lieferwagens und der Mann mit der Haartolle benützen einen Tisch des Cafés für die Übergabe eines Handys und die Erledigung der Formalitäten. Ich beobachte sie eine Weile. Ich finde die These von Wright und Gynn etwas esoterisch aber dennoch reizvoll, weil sie bedeuten würde, dass die menschliche Evolution kein linearer Prozess ist, sondern ein von Fort- und Rückschritten geprägter, und dass wir uns derzeit in einer Phase des Rückschrittes befinden. Was interessante Fragen aufwirft. Wenn das Gehirn unserer Vorfahren im Regenwald größer war als unseres, wozu taugte es wirklich? Was konnten sie alles? Lebten sie, im Wald verborgen, vielleicht für die Dauer einer Epoche, die ein Vielfaches des Bestehens des modernen Menschen lang dauerte, in einem Garten Eden, in einer Art Paradies auf Erden, das aus ihrem umfassenderen Verständnis der Welt erwuchs? Ist jene mögliche uralte Zivilisa-

SPINATSUPPE

Zutaten: 450 Gramm Spinat, 200 Gramm Cherrytomaten, achtzig Gramm Selleriestange, vier Esslöffel Frühlingszwiebel, sechzig Milliliter Wasser, zwei Esslöffel Zitronensaft, eine Medjool-Dattel.

Zubereitung: Alle Zutaten cremig pürieren.

tion im Regenwald vielleicht sogar das verlorene Paradies, das nun in Form von Schöpfungsmythen wie jenen der Bibel durch die Menschheitsgeschichte geistert, weil wir eine Erinnerung daran in unserem genetischen Code tragen? Und was würde es bedeuten, wenn die Menschheit wieder anfangen würde, wie damals nur noch rohes Obst und Gemüse zu essen? Gibt es einen Weg zurück? Was wird es für mich bedeuten, wenn ich damit anfange? „Seit heute Morgen tue ich es", sage ich zu Veronika.

„Was tust du?"

„Nur noch rohes Obst und Gemüse essen."

Es scheint sie nicht zu wundern. „Wir sollten ein Foto von deinen Augen machen", sagt sie.

„Warum von meinen Augen?"

„Um die Veränderung zu dokumentieren", sagt Veronika. „Die Augen von Menschen, die nur noch rohes Obst und Gemüse essen, werden klarer und strahlender. Manchmal ändern sie sogar ihre Farbe. Deine werden vielleicht blau."

Das ist ihr Humor. Meine Augen sind bereits blau. „Bei manchen Menschen verschwinden auch die Muttermale", sagt sie.

Am Rückweg verlassen wir die Straße und folgen einem Pfad zwischen Klippen, den sonst offenbar nur die Einheimischen als Abkürzungen zu ihren Häusern benutzen. „Komm schon, das nervt", sagt Veronika, wenn ich stehen bleibe, um mir Notizen zu machen. Als ich sie einhole, sind wir wieder zurück auf der Straße, und sie steht vor einem Souvenirladen, vor dem Avocados, Erdbeeren und Zitronen aus gebranntem Ton an einer Bastschnur hängen. „Das ist ein Zeichen", sagt sie. „Es bedeutet, dass du auf dem richtigen Weg bist. Soll ich eine Avocado kaufen?"

Veronika ist jetzt wieder besserer Laune. Wir haben darüber nachgedacht, was sie Dominik schreiben könnte, weil er zu lasch auf ihre Nachrichten reagiert hat. Mein Vorschlag lautete: „Du bist ein Idiot. Genieß deine Beziehung mit mir in Zukunft ohne mich." Sie schrieb ihm lieber, dass eine SMS an sie nicht deshalb mehr kostet, weil sie im Ausland ist. Das hat funktioniert.

Ich warte vor dem Souvenirladen auf sie. Mein Bauch fühlt sich von all dem Obst und dem Orangensaft gar nicht paradiesisch an. Er fühlt sich voll an. Ich habe gleichzeitig Hunger und spüre ein Übermaß an Energie. Vielleicht gibt mir mein Körper zusätzliche Energie, weil ihn meine Ernährungspläne tatsächlich in Alarmbereitschaft versetzen, denke ich. „Geh und jage ein Schwein", will er mir vielleicht sagen. „Schlachte ein Schaf, melke eine Kuh, grabe ein paar Kartoffeln aus oder backe Brot. Tu etwas, um zu überleben."

„Werde ich ab jetzt essen und essen und doch immer Hunger haben?", frage ich Veronika, als sie, nun doch ohne Ton-Avocado, wieder aus dem Laden tritt.

„Du bist es nur gewöhnt, relativ wenige und relativ schwere Dinge zu essen“, sagt sie. „Dein Körper muss sich erst darauf einstellen, dass er relativ viele, relativ leichte Dinge bekommt. Es gibt Männer, die am Anfang täglich vierzig Bananen essen. Später kommen dann auch sie mit weniger aus, weil ein Körper, der regelmäßig alle Nährstoffe bekommt, wie eine gut geölte Maschine runder läuft und weniger Energie verbraucht.“

Ich stelle mir vor, wie ich eine Frau kennenlerne, zum Essen einlade und dabei vierzig Bananen verdrücke. Warum eigentlich nicht, denke ich. Dann stelle ich mir vor, wie ich mit gesenktem Blick auf einer *RTL*-Bühne stehe. Mein Oberkörper ist nackt. Mein Bauch ist riesenhaft aufgebläht, aber mein Gesicht ist eingefallen und meine Arme und meine Brust sind bis auf die Knochen abgemagert. Ich weiß, dass das Fernsehpublikum neben mir eine Holografie sieht, die mich als gesunden, sportlichen Mann in seinen besten Jahren zeigt. Vor mir steht eine Schüssel mit vierzig Bananen, und ich bin nicht sicher, ob das einfach nur ein schlechter Tag in meinem Leben ist, oder der schlechteste überhaupt. Der Moderator spricht mit der Stimme eines Einpeitschers zu mir. Er zeigt auf die Schüssel. „Hätten Sie sich vor vier Monaten vorstellen können, einmal an einem einzigen Tag so viele Bananen zu essen?“

Niemals.

Am Abend gehen Veronika und ich auf dem Weg zum Restaurant hinter einer dicken Frau her. Sie spreizt wie der dicke Junge im Fernsehen die Finger weg und klimpert damit in der Luft, als würde sie ein unsichtbares Klavier spielen. Sie macht einen zufriedenen Eindruck, als würde ihr das viele Fleisch an ihren Knochen so etwas wie ein richtig gutes Zuhause bieten.

Ich habe am Nachmittag ein paar Bananen gegessen und dazu zwei in Schachteln abgefüllte Smoothies aus dem Supermarkt getrunken. Der Duft von Gebratenem aus dem Restaurant kommt mir jetzt vor wie eine Verheißung des wahren Paradieses. Ich habe ein Gefühl, als würde ich gleich durchdrehen.

Die dicke Frau geht zielstrebig zu den Köchen, die wahlweise Kaninchenbraten mit Speckwürfel, Fisolen und Pommes Frites oder Steinbutt mit Pilzen und Perlzwiebeln frisch zubereiten. Gleich neben ihren Herdplatten stehen verschiedene Varianten von Eiern sowie Käse unter großen Glocken bereit.

Die dicke Frau steht jetzt ganz versunken da. Die Glückliche, denke ich. Sie weiß, wohin sie gehört, während ich mich wie ein Heimatloser fühle, der sich aus zweifelhaften Motiven selbst verstoßen hat. „Ich werde es nie schaffen", sage ich zu Veronika, die sich mit ihrem Teller in der Hand gut gelaunt umsieht.

„Süß, fett und salzig, das ist wie eine Sucht", sagt sie. „Das lässt sich nicht so leicht abschütteln. Es dauert ein paar Tage, bis es leichter wird."

Ich folge ihr zu den Salatschüsseln. „Ein paar Tage nur?", frage ich in der Hoffnung, dass sie das ernst gemeint haben könnte. „Beim Rauchen habe ich alles in allem drei Jahre gekämpft."

„Seither hat sich viel verändert", sagt sie. „Dinge entwickeln sich jetzt schneller als früher."

Vorgebeugt wie bei Sturm gehe ich an einer riesige Pfanne mit orange glänzender Gemüsepaella vorbei. Wenn irgendeiner von den anderen Gästen hier heute nur diese Gemüsepaella essen würde, wäre das für ihn wohl schon ein richtiger Fasttag, denke ich. Wenn ich nur ein paar Löffel davon bekäme, wäre es für mich tatsächlich das Paradies.

Lustlos häufe ich Tomaten und Gurken auf meinen Teller. Schließlich sitze ich vor einem Berg Salat, den ich nicht mariniert habe und der zum Glück trotzdem leicht nach Marinade schmeckt. „Ganz ehrlich", sage ich zu Veronika, „bist du sicher, dass es gesund ist, nur solches Zeug zu essen?"

„Wie kann ich dich überzeugen?"

„Was ist das Wichtigste?"

„Du brauchst einen guten Mixer, um dir Smoothies und Marinaden machen zu können."

Ich zerkleinere das Gemüse mit den Zähnen, schlucke es hinunter und denke, dass ich, was immer die Reinigung des Körpers, des Geistes und der Seele auch bedeutet, so nicht leben will.

Wenig später stehe ich wieder am Balkon meines Zimmers und halte vergeblich nach den Katzen Ausschau, die draußen in der Nacht schreien. Ich habe den ersten Tag hinter mir. Rückblickend scheint mir die Aufgabe sogar leicht gewesen zu sein. Doch wenn ich diesen Tag in Gedanken 119 Mal in die Zukunft multipliziere, stoße ich auf einen inneren Widerstand. Es fühlt sich an, als hätte ich Angst, und ich weiß nicht einmal genau, wovor.

Tag 2

Diesmal dienen im Frühstückssaal Zucchini statt Papayas als Dekoration. Dafür liegen Papayas in Stücke geschnitten für alle zugänglich auf großen Tellern beim Obst. Veronika ist guter Laune. Ich hingegen habe leichte Kopfschmerzen, und sie meint, die kämen vielleicht vom Entgiftungsprozess.

Ich stelle einen großen Teller mit richtig vielen Bananen und Papaya-Stücken auf meinen Platz. „Was ist Angst?“, frage ich Veronika.

Die Kellnerin, die Veronikas grünen Tee bringt, streift meinen Teller mit einem Blick. „*Enjoy your meal*“, sagt sie. Dann fügt sie lächelnd hinzu: „Guten Appetit.“ Es klingt, als wären es die einzigen beiden Wörter, die sie auf Deutsch spricht.

„Stell dir vor, du wachst eines Morgens auf und sprichst eine fremde Sprache“, sagt Veronika. „Das gibt es bei Menschen, die ihre Persönlichkeit wechseln. Manche von ihnen sprechen in unterschiedlichen Persönlichkeiten unterschiedliche Sprachen und haben unterschiedliche Augenfarben.“ Sie sagt, dass sie einmal geträumt habe, Telugu zu sprechen.

„Was ist Telugu?“

„Telugu, Telugu“, sagt Veronika. Sie macht mit den Händen beschwörende Gesten. „Telugu ist eine südindische Sprache.“

„Denkst du ernsthaft, dass ich meine Persönlichkeit wechsle?“, frage ich.

Sie lacht. „Warte ab.“

Als ich die Papayas gegessen habe, entdecke ich die Bananenstücke in Orangensaft. Das ist wohl schon ein Hauch von dem, was mir Veronika manchmal über roh vegane Rezepte erzählt. Mit Suppen, Salaten, Spaghetti, Wraps, Pudding, Kuchen und Eiscreme aus nichts als rohem Obst und Gemüse. Ich esse die ganze Schüssel alleine leer. Andere Gäste schielen zu mir herüber, und ich stelle mir vor, dass sie es neidvoll tun, weil der Teil ihrer Seele, der noch mit der Wiege des Lebens verbunden ist, weiß, dass in meiner Art zu essen ein Geheimnis liegt. Robert, ein Freund, schickt mir eine SMS. „Weißt du, welches

THAILÄNDISCHE KOKOSNUSSSUPPE

Zutaten für die Suppe: 470 Milliliter Kokosnusswasser, hundert Gramm frisches Kokosnussfleisch, achtzig Gramm Selleriestange, hundert Gramm Tomaten, zwei Esslöffel vom Inneren des Zitronengrases, zwei Esslöffel Frühlingszwiebel, zwei Medjool-Datteln, zwei Teelöffel frischer Ingwer, eine Prise Cayenne-Pfeffer, eine Prise Zimt.

Zutaten für die Einlage: gehackter Koriander, fein geschnittene Kirschtomaten, fein geschnittene frische Shitakepilze.

Zubereitung: Die Zutaten der Suppe pürieren und mit der Einlage verzieren.

Tier sich nach seinem Tod noch 150 Mal um seine eigene Achse dreht?“

Später, am Weg zum Schwimmbecken, kommt mir der vor mir liegende Tag anstrengend lang vor. Mir fällt auf, wie sehr, gerade auf Urlauben, das Frühstück, das Mittagessen und das Abendessen Fixpunkte in meinem Leben waren. Werde ich mich jemals auf ein Gericht, das nur aus rohem Obst und Gemüse besteht, so freuen, wie ich mich bisher über ein Lachssteak mit Petersilkartoffel gefreut habe?

Ich durchquere eine der Poolbars, und mein Blick bleibt an einem Teller mit Speiseresten hängen. Ein paar Pommes Frites, ein Stück von einem Steak und Ketchup. Der Anblick lässt mich von den Schultern bis zu den Fingerspitzen erschauern. Ich bin nahe daran, die benutzte Serviette und die durchgebrochenen Zahnstocher zur Seite zu fegen, das Fleisch und die Pommes Frites mit beiden Händen in mich hineinzustopfen und dann das Ketchup vom Teller zu lecken. Ein Gedanke fliegt mir zu, der mir wieder Halt gibt. Ich nehme mein Handy und schreibe ihn auf: Verzicht ist auch die Kunst, sich in nichts hineinzusteigern.

„Das Grillhuhn“, schreibt Robert, als ich gerade tippe.

„Den kannte ich schon“, schreibe ich zurück.

Tag 3

Nach dem Abendessen mache ich einen Spaziergang ans Meer. Ich fühle mich leicht, als könne ich mit dem Wind einfach abheben, wie einer der Paragleiter, die hier tagsüber an Motorbooten hängen. Ich habe drei Tage geschafft. Morgen fliegen wir heim und ich will die Luft und die kontemplative Wirkung des Meeres noch etwas genießen.

Am Strand schimmern die Lichter der Küste, und die Dünung erfüllt den Abend mit ihrem Rauschen. Diese Momente sind es, nach denen ich mich in Wien immer sehne, wenn der nächste Urlaub noch nicht in Sicht ist, denke ich, und wenn sie da sind, kann ich sie nie richtig genießen. Ich versuche es, obwohl ich leichte Bauchschmerzen habe.

Ich habe zum Frühstück Obst gegessen, am Vormittag ein bisschen Salat, zu Mittag Obst mit Nüssen und danach wieder Salat und wieder Obst, wieder mit Nüssen. Veronika hat angekündigt, dass ich Bauchschmerzen kriegen würde. Es freut mich ein bisschen, dass sie Recht behalten hat. Wenn sie damit Recht hat, hat sie wahrscheinlich auch mit allem anderen Recht. Ich glaube ihr auch so, aber Beweise haben ihre eigene Magie.

Ab morgen werde ich mich genauer an ihre Regeln halten, die sie am Nachmittag für mich auf einen Zettel geschrieben hat, nehme ich mir vor. Für heute habe ich trotzdem kein schlechtes Gewissen. Die drei Tage durchzustehen war schwer genug, und wenn einer gegen das Ertrinken kämpft, dann achtet er eben nicht auf seinen Schwimmstil, auch wenn ein guter Stil seine Überlebens-Chancen vielleicht verbessern würde.

Veronikas Liste mit Grundregeln ist nicht einmal besonders lang. Sie steht auf den Rändern einer Zeitung, die sie am Pool gelesen hat.

1. *Beziehe mindestens achtzig Prozent deiner Kalorien von Kohlehydraten. Das bedeutet Obst zum Frühstück, Obst zum Mittagessen und ein bisschen Obst zum Abendessen vor dem Gemüse.*
2. *Beziehe höchstens zehn Prozent deiner Kalorien aus Fett wie Avocados, Nüssen oder Samen. Iss das Fett am besten mit dem Gemüse am Abend. Wenn du zu viel Fett isst, wird es dir schwer fallen, genügend Kohlehydrate zu essen, die dein Körper aber benötigt. Die Folgen wären Müdigkeit und Gewichtsabnahme.*
3. *Beziehe höchstens zehn Prozent deiner Kalorien aus Eiweiß. Das bedeutet ein bis drei Salate am Tag, oder eine entsprechende Menge anderen grünen Gemüses. Du kannst das Gemüse in Form von Smoothies, frisch gepressten Säften oder einfach als Salatmahlzeit zu dir nehmen. Auch Orangen und Orangensaft, sowie die meisten Früchte, enthalten etwas Eiweiß.*

4. *Iss süßes Obst wie Bananen, frische Datteln oder Feigen untertags und halbsaures wie Mangos oder Pfirsiche, oder saures wie Orangen und Kiwis am Abend.*
5. *Mische süße Früchte nicht mit Nüssen, Samen, Avocados, Kokosnussfleisch oder anderem Fett. Sie haben andere Verdauungszeiten und verursachen, gemeinsam gegessen, Verdauungsbeschwerden.*
6. *Mische süße Früchte nicht mit sauren. Eine Banane braucht etwa eine halbe Stunde, um verdaut zu werden, eine Orange hingegen bis zu zwei Stunden.*
7. *Trinke frisch gepresste Säfte und Smoothies möglichst immer vor einer Mahlzeit und lasse am besten eine halbe Stunde dazwischen vergehen.*
8. *Trinke in der Früh nach dem Aufstehen ein großes Glas Wasser und trinke auch zwischen den Mahlzeiten genügend Wasser.*
9. *Wähle für den Salat möglichst viel zarte, grüne Salate wie Spinat, Romanasalat, andere Blattsalate und dünnblättrigen Kohl, und wenig schwerer verdauliches Gemüse wie Brokkoli, Kraut, Karotten oder jungen Mais.*
10. *Iss dich möglichst bei jeder Mahlzeit richtig satt. Das ist wichtig, weil es dir die nötigen Nährstoffe und die nötige Energie bringt. Schränke dich bei den Kalorien, die du zu dir nimmst, keinesfalls ein. Das ist unnötig und sogar kontraproduktiv.*

Ich setze mich auf die Stufen einer Strandhütte und schaue in den sternenklaren Himmel über dem Meer. Ich denke daran, dass das Paradies, das immer schon alle Menschen gemeint haben, zumindest zwei britischen Forschern zufolge vielleicht einmal tatsächlich als Zivilisation auf dieser Erde existiert hat, mit

Menschen, die ihrer Neurochemie wegen dafür begabt waren. Mir fällt etwas ein, das mir Clemens, ein Biologe, der gerade an einem Buch über das heilende Band zwischen Mensch und Natur schreibt, erzählt hat. Experimentierfreudige Astrobiologen hätten die Hypothese aufgestellt, die schöpferische Kraft, die das Leben in unserem Universum erschaffen hat, könnte mitten unter uns existieren und mit unseren Mitteln einfach noch nicht von der Natur, die uns umgibt, zu unterscheiden sein. Clemens fand, dass das ein spannender Stoff für einen Öko-Thriller wäre.

Jetzt denke ich, dass diese Astrobiologen ihre These weiterentwickeln sollten. Weil wir die schöpferische Kraft, die sie meinen, vielleicht nicht „noch nicht" von der Natur unterscheiden können, sondern „nicht mehr", wegen der Degeneration unseres Gehirns durch falsche Ernährung. Wrights und Gynns spurlos verschwundene Vormenschen kannten dann, falls es sie gegeben hat, sozusagen Gott, was so einen Öko-Thriller noch besser machen würde. Ich frage mich, was die Geschichte so eines Thrillers sein könnte, wer der Protagonist und was sein Ziel wären. Nur noch rohes Obst und Gemüse zu essen, würde laut Wright und Gynn, ja irgendwie bedeuten, sich zurück ins Paradies zu essen.

Nach einer halben Stunde stehe ich auf und mache mich auf den Rückweg ins Hotel. Ich fühle mich zufrieden wie schon lange nicht mehr und genieße das Gefühl von Geborgenheit, das ein sternenklarer Himmel über dem Meer auslösen kann. Ich werde jetzt wohl erst mal endgültig meine Gier nach gebratenen Eiern mit Speck und all dem anderen Zeug überwinden müssen, denke ich, dann sehe ich weiter.

DIE ÜBERWINDUNG DER GIER

Tag 4

Ich mag die Sonntage zwischen einem Urlaub und dem ersten Arbeitstag danach. Sie scheinen besonders still zu sein, als hätte die Stille während meiner Abwesenheit sich in meiner Wohnung eingenistet und es bedürfte mehr als meiner Rückkehr, um sie wieder zu durchbrechen. Ich schlafe bis neun Uhr und sehe mir dann die Ergebnisse der Samstagsspiele der deutschen Bundesliga an. Bayern weiter ungeschlagen. 2:0 in Mainz.

Lena hat Bananen gekauft, wie ich es ihr noch von Teneriffa aus aufgetragen habe. Lena stammt aus einer dieser russischen Städte, deren Namen ich nicht kannte, obwohl sie mindestens so groß wie Wien sind. Sie ist so ruhig und höflich, dass sie wie ein Teil der Stille in meiner Wohnung wirkt. Wenn sie etwas mit mir besprechen will, klopft sie an meine Zimmertür, bleibt an der Schwelle stehen und tritt erst nach einer ausdrücklichen zweiten Einladung ein.

Lena ist als Au-pair-Mädchen in Wien gestrandet. Sie sollte sich um den Sohn meiner guten Freundin und Autorin Silvia kümmern, doch Lena und der Zweijährige verstanden sich nicht. Silvia fand, dass in meiner Wohnung genug Platz für Lena wäre und dass ich jemanden brauchen könnte, der sich um den Haushalt kümmert. Zuerst ging es um ein paar Tage, dann um ein paar Wochen. Inzwischen habe ich mich an sie gewöhnt. Sie ist schon so lange da, dass ich merke, wie ihr Deutsch allmählich besser wird.

Lena hat lange braune Haare und ein ernstes Gesicht, das sich in das eines anderen Menschen verwandelt, wenn sie ausnahmsweise lächelt. Das tut sie zum Beispiel, wenn sie gerade den Faden verloren hat, was manchmal vorkommt, weil sie viel liest, oder wenn sie an meiner Mimik erkennt, dass ich einen Witz gemacht habe. Es scheint, als würde sie nie wegen des Witzes lächeln, sondern immer nur wegen meines Versuches, einen zu machen.

Ich betrachte die etwa zwanzig Bio-Bananen, die sie gekauft hat. Morgen, wenn mein Alltag wieder beginnt, wird aus meinem neuen Ernährungsplan endgültig Ernst, denke ich. Vielleicht wird es einfacher, weil mir nicht mehr zweimal täglich ein üppiges Hotelbuffet im Weg steht, vielleicht wird es auch schwieriger, weil ich dem Sog des Alltags ausgeliefert sein werde.

Ich sehe nach, wie die Pioniere der amerikanischen „Low Fat Raw Vegan"-Bewegung die vordringliche Aufgabe, ihre Gier zu bezwingen, gelöst haben. Die junge Amerikanerin Kristina Carrillo Bucaram, die auf Youtube als „Fully Raw"-Kristina auftritt, scheint ihrem eigenen Sendungsbewusstsein erlegen zu sein. Ihre Botschaft ist die von ihrer gesund und selig machenden Ernährung. Sie fühle sich, sagt sie, als wäre sie unentwegt high.

Fully-Raw-Kristina zeigt in großen Schüsseln Obst und Gemüse, das sie durch ihren schmalen Körper schleust. Ihre immer gleich eindringliche Stimme lässt keinen Zweifel daran, wie ernst sie ihre Mission nimmt und dass ihr florierendes Geschäft damit bloß Nebensache ist. „Weißt du", sagt Kristina in einem ihrer Videos, als würde sie tatsächlich nur mit mir ganz allein sprechen, „die häufigste Frage, die mir Menschen stellen, lautet: Kristina, was isst du eigentlich den ganzen Tag? Also lass mich dir bitte von den delikaten Köstlichkeiten erzählen, die ich jeden Tag zu mir nehme."

FEIGEN-ERDBEER-SALAT

Zutaten für das Dressing: Frisch gepresster Orangensaft, eine halbe Selleriestange, acht getrocknete, schwarze Feigen, ein bis zwei Esslöffel Zitronensaft.

Zutaten für den Salat: 250 Gramm gemischter, grüner Salat, 150 Gramm dünn geschnittene Erdbeeren, 65 Gramm dünn geschnittene Frühlingszwiebel, 60 Gramm in Streifen geschnittener Rettich.

Zubereitung: Alle Zutaten für das Dressing pürieren und auf dem Salat verteilen.

Auf einem Foto sitzt Kristina mit offenen Haaren und mit nichts als etwas Grünzeug bedeckt in einem Haufen Salat. Sie ist die amerikanische Form der Mensch gewordenen Botschaft, die für mich immer ein wenig furchterregend ist. Trink Coca Cola. Trag Nike. Iss nur noch rohes Obst und Gemüse. Und alles wird gut.

Kristinas Rezept für den Umgang mit der Gier ist ebenso einfach wie ihre Botschaft selbst: Wenn du nur noch rohes Obst und Gemüse isst und dir fehlt dabei etwas, dann iss einfach noch mehr rohes Obst und Gemüse.

Der zweite US-Star dieser Ernährung ist „Mr. 80.10.10", Douglas Graham. Er ist 62 und ich mache ihn sofort zu meinem neuen Vorbild für meine Lebensphase 60 plus. Das Gesicht des hauptberuflichen Sporttrainers ist scharf gezeichnet, und an seinem Bizeps treten die Adern hervor. Sein ganzer Körper ist muskulös und sehnig. Seine Augen sind wach, und seine Motorik erinnert an die eines Teenagers. 80.10.10 steht für das Ernährungsprinzip, dem zu folgen auch Veronika empfiehlt. Achtzig Prozent der Kalorien aus Kohlehydraten, zehn Prozent aus Eiweiß und zehn Prozent aus Fett, alles in Form von rohem Obst und Gemüse, sowie Nüssen und Samen zu genießen. Douglas Graham ernährt sich seit den späten Achtzigerjahren nur noch von rohem Obst und Gemüse, also so gut wie schon immer.

Trotz seines fortgeschrittenen Alters zeigt er sich gerne beim Training, etwa beim Sprung vom Fünf-Meter-Brett, oder, erstaunlich behände, an der Reckstange. Auf einem Video ist er mit einem jungen Russen zu sehen, der ihn ehrerbietig interviewt. „Wir Menschen haben in der Natur die Aufgabe, Samen zu verteilen", sagt Douglas Graham zu dem gut 35 Jahre jüngeren Mann. „Wir essen die Samen mit den Pflanzen, scheißen sie irgendwo in die Landschaft, und dann wächst etwas daraus. Ist das nicht wunderbar?"

Die Fragen, warum Douglas Graham keine Toiletten benutzt und wie er damals seine Gier überwunden hat, stellt der junge Russe nicht. Er interessiert sich eher für den sozialen Druck, den so eine Ernährungsweise auslöst. „Wie halten Sie dem stand?", fragt er Douglas Graham.

Ich weiß, was er meint, seit ich zuerst Vegetarier und dann Veganer wurde. Das verbindende Ritual des gemeinsamen Essens funktionierte schon da nicht mehr einwandfrei. Wer seine Ernährung umstellt, macht sich zum Fremdkörper im kulinarischen Kollektiv und muss dauernd diskutieren. „Was, du isst auch nur noch rohes Obst und Gemüse?", fragte mich vor Kurzem Miriam, als ich ihre Meinung über mein Selbsterfahrungsbuch einholte.

Miriam, eine ehemalige Journalistenkollegin, ist immer für treffende Einschätzungen meiner Buchprojekte gut. Mein aktuelles Vorhaben schien sie für eine Art literarische Essstörung zu halten. Als ich ihr noch in Teneriffa meine Erwartungen an die Reinigung des Körpers, des Geistes und der Seele erklärte, meinte sie, dass ich genau die gleichen Dinge sagen würde wie essgestörte Tussis, die auch von der Erleuchtung schwärmten, während sie sich auf wandelnde Skelette herunterhungerten.

Argumente wie die vom ungesunden Fleisch ließ sie nicht gelten. „Die Frauenzeitschriften bringen da dauernd etwas Neues, glaub mir", sagte sie. „Eine ganze Frauengeneration hat jahrelang nur Hühnerfleisch gegessen, weil sie ihr eingeredet haben, dass rotes Fleisch ungesund ist. Außerdem bist du nicht mehr siebzehn. Also hör bitte auf mit dem Scheiß."

Ich hatte schon immer eine Leidenschaft für Miriams Art, Dinge zurechtzurücken. Ich spürte die Verlockung, meinen Ernährungsplan einfach so wieder fallenzulassen, um die gute alte Ordnung wiederherzustellen und wieder wie alle anderen alles richtig zu machen. Doch was Miriam sagte, stimmte eigentlich nicht. Ich hatte nicht vor, mich herunterzuhungern. Ich hatte vielmehr vor, hemmungslos zu essen so viel ich will, und daran zu arbeiten, dass die Dinge, die ich aß, bald jene sein würden, die ich am liebsten aß.

„Es gibt keine Kultur, in der das Essen von rohem Obst und Gemüse etabliert ist", sagt Douglas Graham in dem Video zu dem jungen Russen. „Deshalb kannst du, wenn du es tust, nie

Mitläufer sein. Du musst einer sein, der vorwärts schreitet, ein Vordenker, ein Anführer, und so einer hat immer einen gewissen Druck. Es wird besser davon, wenn du nicht versuchst, andere zu überzeugen. Iss einfach nur rohes Obst und Gemüse, dann werden die anderen sehen, wie es dir damit geht. Sie werden dir folgen oder auch nicht, und du tust es einfach weiterhin: Du isst einfach nur rohes Obst und Gemüse."

Douglas Graham tut in dem ganzen Video ebenso wie „Fully Raw"-Kristina so, als wäre die Ernährungsumstellung auf nur noch rohes Obst und Gemüse etwa so leicht, wie den Kleidungsstil zu wechseln. Vielleicht ist es ja wirklich so leicht, denke ich, bloß für mich nicht. Mir kommt es trotzdem vor, als würden die beiden behaupten, dass es den Teufel nicht gibt. Zu hart habe ich in diesem Leben schon gegen die Gier gekämpft.

Als ich zu rauchen aufhörte, retteten mir nur meine Verdrängungsmechanismen die Selbstachtung. Meine vielen letzten Zigarettenpackungen zerknüllte ich samt ihrem Inhalt jeweils nach der ersten Zigarette, um mir wenig später aus dem Tabak der geplatzten Zigaretten neue zu drehen. Schließlich ging ich dazu über, die letzten Packungen unter fließendes Wasser zu halten. Ich erinnere mich an einen Moment, in dem ich mit Tränen in den Augen vor dem Küchenmüll kniete und erwog, die aufgequollenen Zigaretten einfach aufzuessen.

Dass ich in Teneriffa nach 25 Jahren zum ersten Mal wieder Heißhunger auf Fleisch hatte, warnt mich. Ich bereite mich darauf vor, Fehler zu machen. Ich nehme mir vor, mich nicht von ihnen demotivieren zu lassen. Ich lege eine Fehlerliste an. Gefährlich sind bloß die verdrängten Fehler, denke ich, die eingestandenen markieren Fortschritte.

SALZIGES SALAT-DRESSING

Zutaten: zwei bis drei mittelgroße Gurken, drei bis vier Selleriestangen, eine Handvoll frische Dille, zwei Esslöffel Zitronensaft.

Zubereitung: Alle Zutaten bis auf die Dille gut pürieren. Dille zugeben und noch einmal kurz durchmixen.

Um mich für den Kampf gegen meine Gier zu motivieren, rufe ich Veronika an und frage sie, ob sich in den ersten beiden Wochen meiner Ernährungsumstellung auch schon eine merkliche Veränderung einstellen könnte. Ich höre es ihr an, dass sie sich nicht wie ich in einer urbanen Zwischenzeit der Stille befindet. Bei ihr am Reiterhof bekommt die Stille auch nie Gelegenheit, sich einzunisten. Das Hufgetrappel der Pferde und die Rufe der Reiter und der Stallknechte durchbrechen sie. Dort leben neben Veronika, ihren Eltern und den Knechten auch Veronikas Bruder mit seiner Frau und zwei kleinen aufgeweckten Mädchen. Es gibt immer jemanden, der gerade etwas repariert. Hunde bellen. Veronika ist gut gelaunt. „Ich denke darüber nach", sagt sie.

Zwei Minuten später schickt sie mir eine Email. „Nach zwei Wochen fiel mir auf, dass ich weniger Angst vor Menschen hatte", schreibt sie, „dass ich ihnen gerne wieder in die Augen schaute, dass ich mich nach dem Aufwachen wie ein Baby fühlte, dass einige meiner trockenen Hautstellen wieder samtig weich waren, dass ich eine kräftigere Stimme hatte und besser singen konnte, dass ich gut roch und dass sich das Innere meines Mundes gut anfühlte, sodass ich ständig Lust hatte, jemanden zu küssen. Meine Kopfhaut juckte nicht mehr, und ich hatte zum ersten Mal in meinem Leben keine Angst vor einem Zahnarzttermin. Ich verzichtete sogar auf die Spritze vor dem Bohren. Das überraschte mich am meisten."

Neben den zwanzig Biobananen sind Kürbiskerne, zwei Äpfel und ein Eisbergsalat da. Ich kann mir nicht vorstellen, dass die gut gegen meine trockenen Hautstellen oder für irgendetwas sonst sind. Ich betrachte Lenas russischen Eintopf. Sein bloßer Anblick scheint einen wohltuenden Kalorientransfer in meinen Körper auszulösen. „Wogegen kämpfe ich, wenn ich gegen meine Gier kämpfe?", schreibe ich Veronika.

Diesmal ruft sie mich an. „Wenn du rein isst", sagt sie, „werden deine Zellen rein. Sie befreien sich von den in ihnen gespeicherten Ängsten und Mustern. Die Zellen setzen diese Ängste und Muster frei, sodass sie an die Oberfläche treten. Davor waren sie Schatten, jetzt sind sie konkret. Du hast zwei Möglichkeiten, mit ihnen umzugehen. Entweder du stellst dich ihnen, sodass sie sich auflösen. Das ist anstrengend. Doch dann bist du diese Ängste und Muster los, kannst deinen Weg weitergehen, kannst machen, was du immer schon machen wolltest, und kannst sein, wer du immer schon sein wolltest. Oder du fängst wieder an, die Dinge zu essen, die du immer gegessen hast, um deine Ängste und Muster wieder zu verschleiern."

Ich habe das Gefühl, an einem Punkt angelangt zu sein, an dem ich schon einmal war. Ich hatte die Dinge so ähnlich gesehen, damals, als ich mit Felix noch den Titanenkampf führte. Bloß hätte ich sie romantischer formuliert. Ich hätte wahrscheinlich von meinen Dämonen gesprochen, denen ich mich stellen musste.

Ich besinne mich auf meine mehr oder weniger bewährten Waffen im Kampf gegen die Gier. Ich verstecke mich nicht vor ihr, sondern beobachte und analysiere sie. Was macht sie mit mir? Wie fühlt sie sich an? In welchen Situationen bäumt sie sich vor mir auf? In welchen schleicht sie sich ein? Ich schreibe über die Gier, weil mich die Position des Erzählens über sie erhebt.

Tag 5

Am Abend meines ersten Bürotages nach dem Urlaub leiste ich mir am Wiener Naschmarkt ohne Rücksicht auf die Preise alles an rohem Obst und Gemüse, das ich mir schon immer leisten wollte. Je schneller ich Dinge finde, die mir schmecken, desto schneller werde ich die Gier im Griff haben, denke ich. Wenn ich dann weiß, wie es geht, kann ich sehen, wie ich das Ganze auch günstiger hinkriege.

Die Menschen, die im Licht der Abendsonne durch den Markt schlendern, und die Stände voller praller Früchte erzeugen einen Hauch von Wiege-des-Lebens-Gefühl. Der Naschmarkt hat zwar Probleme, aber die gab es in der Wiege des Lebens wohl ebenso, denke ich, bloß kamen sie damals nicht in Form von Umsatzrückgängen, sondern in Form von Säbelzahntigern.

Mein Blick fällt auf getrocknete Tomaten. Mit ihrer fleischigen Konsistenz kommen sie mir wie richtiges Essen vor. Der Händler hält mir eine mit einer Zange hin. Die Konsistenz ist tatsächlich fleischig, doch der Geschmack ist, wie auf Teneriffa im Meer statt im Becken zu schwimmen. „Gibt es auch welche ohne Salz?", frage ich. Der Händler schüttelt den Kopf.

Zum ersten Mal in meinem Leben kaufe ich frische Datteln. Bisher habe ich höchstens getrocknete gegessen, und die waren mir zu klebrig und zu süß. Veronika schwärmt mir seit Monaten von frischen Datteln vor. Sie hat sie entdeckt, als sie an Eisenmangel litt. Ich nehme ein Kilo. „Die sind richtig gesund", sagt der Händler und macht ein Gesicht, als würde er meinen: Die machen richtig potent. Er gibt mir ein bisschen mehr als ein Kilo. 16 Euro. „Warum sind die eigentlich so teuer?", frage ich.

„Der Naschmarkt war schon immer teuer", sagt der Händler.

Ich nehme zwei weiche Mangos, eine schwere, reife Papaya und sechs Bananen. Macht weitere 26 Euro. Der Chef tritt aus dem Laden und bittet mich hinein. Er wirft mir diesen Blick zu, der auch zum mimischen Instrumentarium guter Verkäufer in zu teuren Herrenmodeläden gehört: Wir hier, und der Rest der Welt irgendwo. Wir haben das Geld, und die anderen werden es nie kapieren. „Schauen Sie sich diese Flug-Ananas an", sagt er und nimmt eine zärtlich an ihrem Grün. „So etwas Gutes haben Sie noch nie gegessen."

Ich verzichte auf die dann doch zu teure Flug-Ananas und nehme Endiviensalat, Fleischtomaten, zwei Avocados, Blattspinat, Stangensellerie und eine Kokosnuss. Ich zahle mehr als fünfzig Euro und weiß aus den zu teuren Herrenmodeläden, wie das geht: Nur nicht mit der Wimper zucken. Der Händler schenkt mir zum Abschied eine Zitrone.

Daheim mache ich mir mit dem Mixer, den mir Veronika bis zum Eintreffen meines eigenen leiht, ein Dattel- und Bananen-

Smoothie. Schmeckt wie Babynahrung für Erwachsene, denke ich. Mein Hirn fühlt sich nach den ersten drei Schlucken an, wie mit einer Mischung aus Milupa und richtiger Erleuchtung geflutet. Ich frage mich, warum Menschen je Zucker erfunden haben. Die Süße dieses Smoothies schmeckt im Vergleich zu der von Zucker wie die Wahrheit im Vergleich zu einer Illusion.

Jetzt noch Grünzeug wegen dem Eiweiß. Ich zerdrücke mit einer Gabel eine Avocado, presse den Saft von drei Zitronen dazu und mische das Ganze unter grob geschnittenen Endiviensalat. Ich würge an dem Salat herum, kriege aber die Schüssel nicht leer. Olivenöl wäre gut, denke ich, damit das Ganze ein bisschen flutscht, doch das geht nicht. Meine Fehlerliste darf nicht zur Legitimation meiner Fehler werden.

Veronika sagt am Telefon, dass Menschen, die nur noch rohes Obst und Gemüse essen, bestimmte Salate bevorzugen. Milde Salate. Romana-Salat oder auch Grünen Salat. Endivien-Salat habe zwar besonders viele Nährstoffe, eigne sich aber eher für Fortgeschrittene.

Dann ist auf einmal auch mein erster Arbeitstag mit nichts als rohem Obst und Gemüse so gut wie vorbei. „Mir hat eigentlich außer einem guten Salatdressing nichts gefehlt", sage ich zu Veronika, als sie mich später am Abend fragt, wie es gelaufen ist. Ich habe zum Frühstück Bananen und zu Mittag drei reife Mangos und ein halbes Kilo Erdbeeren gegessen. Am Abend dann den Smoothie und den Salat, der bestimmt künftig noch besser geht. „Ich hatte den ganzen Tag keinen richtigen Hunger", sage ich. „Ich hatte selbst vor dem Essen immer das Gefühl, dass es im Grunde auch ohne ginge, und danach war ich auf eine Art satt, die ich noch nicht kannte."

„Deine Zellen brauchen Fruktose und Glukose", sagt Veronika. „Das ist ihr Brennstoff, wie das Benzin beim Auto, und den gibst du ihnen. Deswegen sagt dein Hirn, danke, ich habe, was ich brauche, und fängt an, sich mit anderen Dingen zu beschäftigen. Würdest du noch Getreide essen, in Form von Brot oder Nudeln zum Beispiel, müsste dein Körper erst mühsam die Mehrfachzucker in Einfachzucker umwandeln, und dein Hirn würde inzwischen weiter nach Nahrung suchen. Deshalb hättest du nach dem Essen Lust auf noch mehr Essen oder auf Kuchen oder Schnaps."

Vielleicht ist nur noch rohes Obst und Gemüse zu essen in Wirklichkeit die einfachste Ernährungsumstellung von allen, denke ich. Aber was ist mit den Dämonen? Haben die schon aufgegeben?

Tag 8

Zum Mittagessen treffe ich Yoona, eine koreanische Kunststudentin, die für uns seit einigen Wochen die Buchcover macht. Ich wähle einen Franzosen am Neuen Markt, auf dessen Speisekarte eine lange Liste von Salaten steht. Es ist seit meiner Ernährungsumstellung mein erster Restaurantbesuch in Wien.

Yoona spricht praktisch kein Deutsch und kein Englisch, doch das stört mich nicht. Ein Psychoonkologe und Philosoph, mit dem ich einmal über ein Buch verhandelt habe, erklärte mir damals, was Normalität sei. Sie entstehe durch das Zulassen von Gegensätzen, sagte er. Wenn ein System immer nur eine Seite akzeptiere, zum Beispiel das Perfekte, das Erfolgreiche, das

SÜSSLICHES SALAT-DRESSING

Zutaten: 225 Gramm Ananas, 250 Milliliter Orangensaft, eine rote Paprika.

Zubereitung: Alle Zutaten gut pürieren.

Dynamische, dann werde es verrückt. Ins Team eines Ghostwriters mit einem kleinen Buchverlag, dessen Geschäftsmodelle die deutsche Sprache und die Kommunikation sind, passt Yoona also perfekt. „Für mich Salat ohne Fleisch und Käse bitte", sage ich.

„Salat ohne Fleisch und Käse habe ich nicht", sagt die Kellnerin.

„Dann bringen Sie mir bitte irgendeinen Salat und lassen Sie das Fleisch und den Käse einfach weg."

„Welchen wollen Sie?"

Ich wähle einen mit gebratenem Gemüse, Pilzen und Oliven. „Lassen Sie bitte auch das gebratene Gemüse, die Pilze und die Oliven weg", sage ich.

Die Kellnerin sieht mich kühl an. „Das ist aber schade", sagt sie. „Kostet nämlich das Gleiche."

Ich betrachte einen Salatteller am Nebentisch. „Ach ja", sage ich. „Bitte ohne Dressing."

Sie deutet auf die Karaffen mit Essig und Öl am Tisch. „Die Salate kommen immer ohne Dressing", sagt sie.

Mein Gespräch mit Yoona verläuft wie gewohnt. Ich versuche, ihr das erste Buch des anstehenden Programmes zu erklären, und merke, noch ehe ich den ersten Satz ausgesprochen habe, dass das wegen sprachlicher Barrieren nicht geht. Ich werde ihr wie immer alles per Mail schreiben. Auf die Art muss ich schon einmal die kommenden Bücher erklären, ohne mich in hübsche Wortgirlanden flüchten zu können, die Yoonas Übersetzungsprogramm nicht schaffen würde.

Sobald wir das geklärt haben, erzählt sie mir, dass sie die WG gewechselt hat und ihr neues Zimmer gründlich reinigen muss, weil sie gegen etwas dort allergisch ist. Sie muss sich ständig kratzen. Als ich endlich verstanden habe, was sie meint, kommt mein Salat. Sechs grüne Blätter ohne alles, dazu drei salzige getrocknete Tomaten in Öl.

„22. März: Drei salzige getrocknete Tomaten in Öl", schreibe ich auf dem Rückweg zum Büro in meine Fehlerliste. Besonders zerknirscht bin ich nicht. Ich frage mich, wie die Amerikaner, die wegen ihres Übergewichtes Rollstuhl fahren, diesen Eintrag finden würden. Das Öl hat noch dazu einen seltsamen, künstlichen Geschmack in meinem Mund hinterlassen. Ich vermute deshalb, dass ich von manchen Dingen nur noch glaube, dass ich sie will. Ich habe das Gefühl, dass alles leicht geht. Zu leicht.

Tag 18

Am Rand des Küchenfensters erscheinen die hellgrünen Spitzen des Efeus im Hof. Bald werde ich aufs Fensterbrett steigen und seine Ranken wegschneiden müssen, damit sie mir nicht das Licht nehmen, denke ich. Meine Küche hat sich in den vergangenen Wochen von einem Nutzraum in einen Lebensraum verwandelt. Ich habe mich hier noch nie so oft und lange aufgehalten wie jetzt. Ein paar Dinge fehlen. Ablagen zum Beispiel. Der Kühlschrank ist zu klein. Die Arbeitsflächen sind es ebenfalls.

Seit ich mit rohen veganen Salatdressings zu experimentieren begonnen habe, verstehe ich nicht mehr, warum alle Welt Essig und Öl verwendet. Avocados, Tomaten, Orangen, Stangensellerie, Fenchel, Paprika, Pfefferoni, aus diesen Zutaten mixe ich mir Marinaden, mit denen mir sogar Endiviensalat, früher immer mein Lieblingssalat, wieder schmeckt.

Veronika schickt mir eine SMS aus Slowenien. Sie nimmt gerade an einer Tagung über rohe vegane Ernährung teil. Sie schreibt, dass ich mir einen Dörrautomaten zulegen könnte. Mit dem könnte ich getrocknete Tomaten ohne Salz, oder Brot und Pizzaböden aus Melanzani herstellen.

Eine Tomate fällt von einem Strauch und trocknet in der Sonne: So etwas kam in der Wiege des Lebens sicher vor, und die Menschen damals haben sie vielleicht auch gegessen, denke ich. Doch die Natur, die Evolution oder Gott haben uns Menschen bestimmt nicht so geschaffen, dass wir einen Dörrautomaten brauchen, um uns gesund zu ernähren. Ich mische, wie heute, bloß manchmal getrocknete Steinpilze in den Salat, die ich zuvor zwanzig Minuten in Wasser einweiche.

Die einzige nennenswerte Innovation in meiner Küche ist mein Mixer. Das weiße Ding im Ostblock-Look hat knapp 800 Euro gekostet und ist jeden Cent wert. Es hat keine peinlichen Küchen-Maschinen-Extras für Turbo-Hausfrauen, ist massiv gebaut und einfach zu reinigen, und sein Motor kommt mir stärker vor als der des französischen Mietwagens, den ich bei meiner letzten Dienstreise ausgefasst hatte. Neben dem Mixer habe ich nur noch einen Spiralschneider angeschafft, mit dem ich Zucchini und Rettich zu Nudeln schneiden kann.

Mein heutiges Abendessen besteht außerdem aus grünem Salat, Romanasalat, Salattomaten, Radieschen und Gurken. Während ich einige in zwei Hälften geschnittene Weintrauben und die Steinpilze dazumische, merke ich, dass Yoona in der Küchentür steht. „Möchtest du auch Salat?“, frage ich sie.

Yoona lächelt im Gegensatz zu Lena sehr oft. Ihr Juckreiz blieb auch nach der Desinfektion ihres neuen WG-Zimmers. Deshalb wohnt sie vorerst Tür an Tür mit Lena, in einem der beiden Zimmer, in denen früher einmal mein Büro war. Yoona betrachtet meine Salatschüssel. „Nein danke“, sagt sie und verschwindet so schnell, als hätte sie Angst, ich könnte sie noch einmal fragen.

Ich verrühre den Salat, die Weintrauben, die Steinpilze und das Dressing. Vier oder fünf Walnüsse dazu und eine Spur Chili. Yoona weiß nicht, was sie versäumt, denke ich beim Essen. Mit so einem Salat könnte wirklich funktionieren, was „Fully Raw“-Kristina gesagt hat: Wenn mir danach etwas fehlt, esse ich einfach noch mehr davon. Die Gier kommt mir in diesem Augenblick vor wie ein Gespenst aus Kindermärchen. Ich habe es vielleicht nur in meiner Fantasie erschaffen, wie viele Dinge, vor denen ich in meinem Leben schon Angst hatte. Vielleicht brauche ich nur locker zu bleiben.

Doch ich weiß inzwischen, dass die Umstellung auch für „Fully Raw“-Kristina nicht so einfach war. Sie sah darin ihre einzige Überlebens-Chance und hatte damit ein starkes Motiv. Kristina war schwer krank. Sie erzählte Veronika, die sie einmal via Skype kontaktierte, dass sie die Umstellung vor allem des-

AVOCADO-PFIRSICH-SALATDRESSING

Zutaten: drei bis vier reife Pfirsiche, fünf kleine Tomaten, ein Viertel einer roten Paprika, frische Basilikumblätter, eine Avocadohälfte

Zubereitung: Alle Zutaten gut pürieren

halb schaffte, weil sie sah, wie sich dadurch ihr Gesundheitszustand jeden Tag verbesserte.

Ich weiß inzwischen auch, dass selbst der souveräne Douglas Graham einmal schwer gegen seine Gier zu kämpfen hatte. In einem seiner Vorträge spricht er über die Hürden des Anfangs. Er habe oft gedacht, dass er Junkfood jetzt hinter sich habe und dass er mit gekochtem Essen fertig sei, sehr oft, sagt er. Bis er wirklich so weit war, sei aber eine lange Zeit vergangen.

Tag 19

Spontan fahre ich zum ersten Mal in meinem Leben mit dem Rad ins Büro. Der kühle Fahrtwind streicht mir über das Gesicht, was sich gut anfühlt. Es sieht aus, als würde es heute noch richtig warm. Meine Idee, meine Ernährungsumstellung mit 120 Tagen zu begrenzen, kommt mir heute wie ein Trick vor, mit dem ich sie mir selbst schmackhaft machen wollte. Wenn alles stimmt, was ich über diese Form der Ernährung inzwischen gehört und gelesen habe, wäre alles andere, als dauerhaft nur noch rohes Obst und Gemüse zu essen, grober Unsinn. Mich drängt jedenfalls nichts, zu meiner alten Ernährung zurückzukehren.

Es ist nicht nur die lange Übung im Aufhören mit etwas, die mir die Umstellung so leicht macht, denke ich. Es liegt wohl auch daran, dass mein Leben im Prinzip schön ist. Ich strample in keinem Hamsterrad. Ich bin kein Diener der Ideen anderer. Ich folge meinen eigenen Plänen. Ich bin nicht reich, und ich habe wenig ökonomische Sicherheit, aber wer hat die schon? Es geht mir gut.

Unterwegs ins Büro frage ich mich, wie es sein wird, wenn mein Ernährungskonzept endgültig aus meinem Kopf in meinen Körper gerutscht sein wird. Wenn mir einmal rohes Obst und Gemüse genauso gut schmecken wie früher Lachsfilet mit Petersilkartoffel, dann haben alle, die an ihrer alten Ernährung festhalten, endgültig keine Argumente mehr, denke ich. Sie beanspruchen so etwas wie ein Monopol auf Genuss für sich, und wenn das auch noch weg ist, sind sie mit ihren Zivilisationskrankheiten allein.

Ich steige ab, um mein Rad quer über den Naschmarkt auf die andere Seite der Wienzeile zu schieben. Die Luft, die Sonne und meine Gedanken machen mich euphorisch. Euphorie ist immer gefährlich, denke ich, aber egal, die gönne ich mir jetzt.

Im nächsten Moment schwanke ich vor dem Käsestand mit seinem würzigen Duft und den gelben Laiben in seinen Auslagen zwischen einem brutalen Raubüberfall, weil Bestellen und Bezahlen viel zu lange dauern würde, und einer Zerstörung des Standes als einzig denkbarer Alternative.

Wie unter Schock schwebe ich weiter, als mich eine Vitrine voller Artischocken, kleiner Pfefferoni und Tomaten, gefüllt mit

Schaf- oder Ziegenkäse, Lachs oder Schinken und garniert mit fein gehackten Kräutern anspringt. Diese kleinen Häppchen haben nie in mein kulinarisches Beuteschema gepasst, jetzt erscheinen sie mir fast so begehrenswert wie Käse. Ich könnte weinen darüber, dass sich zwischen ihnen und mir eine Glasscheibe und ein intellektuelles Ernährungskonzept befindet, das mir in diesem Moment wie der abgehobene Irrweg eines hauptberuflichen Grüblers erscheint.

Weinen ist gut, denke ich, als ich zu der kleinen Imbissbude im schmalen Durchgang zur Restaurantzeile gelange. Weinen ist Verzweiflung, und Verzweiflung ist besser als Wahnsinn. Im Wahnsinn würde ich vielleicht schreiend ein paar von den Brat- und Burenwürsten rauben, die dort auf einer heißen Platte liegen. Wären sie nicht schwarz angebrannt, würde ich sie vielleicht auch ohne Wahnsinn rauben.

Ich schwebe an einem Sushi-Laden vorbei. Die Vorstellung, dass ich heute Mittag statt einer großen Portion Kalifornia Maki mit Kren, Soja-Sauce und eingelegtem Ingwer, langweilige Pfirsiche und schon wieder Bananen essen werde, treibt mir tatsächlich die Tränen in die Augen. Es fühlt sich ungefähr so an, als würden alle anderen Sex haben, nur ich müsste daheim bleiben und mir eine Fernsehdokumentation über Grundwasserprobleme im Tennengau ansehen.

Im Büro liegt auf dem Schreibtisch meines Kollegen Raul ein Salamibrot. Ich frage mich, seit wann sich junge Leute Salamibrote mit ins Büro nehmen. Die jungen Leute kommen doch sonst immer mit diesen Starbucks-Bechern und -Cookies, von denen kein Mensch versteht, wie sie sich die leisten können. Ich finde Rauls Salamibrot wunderschön. Sein Duft dringt mir bis in die Seele, und sogar das Schwitzende an der Salami erscheint mir begehrenswert. Es ist, als würde etwas von mir direkt über dem Salamibrot in der Luft schweben und etwas anderes es umkreist, gleichzeitig mit und gegen den Uhrzeigersinn.

Raul ist ein ausgesprochen netter junger Mann. Er würde mir sein Salamibrot bestimmt schenken, denke ich. Doch ich empfinde es schon als Gnade, einfach hier stehen bleiben und die fetthaltige Luft rund um das Brot einatmen zu dürfen. Am liebsten würde ich das tun, bis ich wegen Sauerstoffüberschusses bewusstlos umfalle, doch das geht nicht. Rauls Vater war einmal Chef eines deutschen Privatsenders, und seine Mutter ist eine führende österreichische Journalistin. Wer weiß, was er daheim erzählen würde.

Inzwischen wissen alle im Büro von meiner Ernährungsumstellung. Die Dummköpfe glauben wahrscheinlich ernsthaft, ich mache das, weil ich es gut finde, denke ich. Sie ahnen nicht, dass ich ihnen ihre Salamibrote und was sie sonst noch alles anschleppen, einfach so aus den Händen reißen und in mich hineinstopfen könnte, und dass es mir in diesem Moment völlig egal wäre, wenn sie mich mit glasigen Augen und verschmiertem Mund sehen würden.

„Also gut“, sage ich. „Habt ihr Zeit für eine Besprechung?“

Eben noch habe ich mich wie jemand gefühlt, der ein schönes und auf seine Art souveränes Leben führt. Jetzt fühle ich mich von meiner eigenen Gier gedemütigt, und der Weg dorthin, wo ich eben noch zu sein glaubte, erscheint mir zu weit, als dass ich ihn in diesem Leben noch bewältigen könnte. Ich hätte in der vergangenen halben Stunde ein Foto von meinen Augen machen sollen, denke ich. Vielleicht waren sie schwarz

FRUCHTIGER HEIDELBEER-SALAT

Zutaten für das Dressing: 100 Gramm Heidelbeeren, eine große Orange, zwei Medjool-Datteln, zwei Esslöffel Zitronensaft, sechs große, frische Minzblätter.

Zutaten für den Salat: Vier Romana-Salat-Herzen dünn geschnitten, 100 Gramm Selleriestange dünn geschnitten, 60 Gramm Frühlingszwiebel dünn geschnitten.

Zubereitung: Die Zutaten für das Dressing pürieren und mit dem Salat gut vermischen.

wie die des Teufels. „Was ist?", frage ich, als mich meine Kollegen ansehen.

Raul zuckt die Schultern. „Du wolltest etwas besprechen."

Wenigstens habe ich weder den Käse, noch die Burenwurst, noch das Salamibrot gegessen, denke ich. Aber war das schon ein Sieg? Ich rufe nach unserer Besprechung Veronika an. „Ich glaube nicht, dass ich es schaffen werde", sage ich.

„Warum?"

„Die Dämonen sind stärker."

„Dummerweise geht es nicht nur um die Dinge, die du Dämonen nennst", sagt sie. „Gekochtes Essen macht auch abhängig, weil es eine Veränderung des Bewusstseins bewirkt. Dieses Essen ist in Wirklichkeit eine Droge. Unbewusst wissen wir genau, dass wir kurz betäubt sind, wenn wir in einen Burger beißen oder uns ein fettiges Lachs-Sushi reinziehen. Wir essen gegen Angst, Trauer und Sorgen an, und am besten funktioniert es mit Zucker, Fett und Salz. Was du Gier nennst, ist also auch Folge einer sehr konkreten, suchtartigen Abhängigkeit. Wenn du nur noch rohes Obst und Gemüse isst, verschwindet diese Abhängigkeit allmählich. Denn du kannst nur von etwas abhängig sein, das sich bereits in deinem Körper befindet."

„Wie lange dauert es wirklich, bis sie ganz verschwindet?"

„Du hast fünfzig Jahre lang Dinge gegessen, die eigentlich nicht für deinen Körper bestimmt waren", sagt sie. „Er hat sie teilweise verdaut und teilweise abgelagert. Tafelsalz, weißen Zucker, tierische Fette und Eiweiße und alle möglichen Stimulanzien. Seit du nur noch rohes Obst und Gemüse isst, läuft in deinem Körper ein Entgiftungsprozess, und diese Dinge kommen wieder in Umlauf. Was du Gier nennst, wird sehr rasch weniger. Aber erst, wenn du das alles ausgeschieden hast, ist es ganz weg. Die meisten Menschen, die das erlebt haben, sprechen von ein bis zwei Jahren. Es hängt davon ab, wie du dich vor der Entgiftung ernährt hast und wie viel Sport du betreibst."

Also weiter, denke ich.

Tag 24

Ich treffe beim Franzosen den Kleinkundenbetreuer einer großen belgischen Druckerei zum Mittagessen. Er erzählt mir Geschichten aus der Branche, und ich sage ihm wie immer, dass ich mit dem Familienbetrieb, bei dem wir drucken, sehr zufrieden bin. Das macht ihm nichts. „Ach ja", sage ich zur Kellnerin, als ich ihr erklärt habe, was ich alles nicht in meinem Salat haben will. „Bitte auch keine getrockneten Tomaten." Der Kleinkundenbetreuer bestellt ebenfalls Salat, allerdings mit Schinken und Käse. Wir reden ein bisschen darüber, wie schön Wien ist, dann über Fußball, über Motorräder und über Frauen. Als mein Salat kommt, liegen zwei gegrillte Auberginenscheiben darauf. Sie sehen für mich aus wie kleine Rinderfilets. Ich bin jetzt nicht in der Stimmung, wegen gegrillten Auberginenscheiben herumzumachen. Egal, denke ich, den Scheiß ziehe ich mir jetzt einfach rein.

Der Kleinkundenbetreuer isst nur den Schinken und den Käse von seinem Salat, und dazu das Brot. Als nur noch das Grünzeug auf seinem Teller liegt, schiebt er ihn weg. „Mann, bin ich satt", sagt er. „Wie ist das eigentlich, wenn man nur noch Obst und Gemüse isst?"

„Es ist gut gegen Hypochondrie", sage ich. „Wenn Sie gerade wieder einmal glauben, dass Sie vielleicht Krebs haben, denken Sie im nächsten Moment: Ach was, mein Essen wird das schon richten."

„Und wie schafft das Ihre Verdauung?"

In einer Sammlung von Briefen Gustav Mahlers an seine Frau Alma fand ich einmal einen, in dem sich der Komponist mit seiner Verdauung befasste. „Verdauung pipifein", schrieb er ihr aus dem Urlaub. Ich hörte nach der Lektüre des Briefes seine Sinfonien mit anderen Ohren. Doch es gibt Menschen, die gerne über Verdauung sprechen. Deshalb bin ich auf diese Frage bereits vorbereitet. „Wenn Sie nur noch rohes Obst und Gemüse essen, scheißen Sie wie ein Elefant", sage ich. Ich kann mich zwar nicht erinnern, schon einen Elefanten beim Scheißen beobachtet zu haben, aber vom Sprachbild her passt das.

„Wenn Sie viel Spinat in Ihr Frühstücks-Smoothie tun, sieht das Ganze aus, als wäre es Shrek persönlich gewesen“, sage ich.

Der Kleinkundenbetreuer sieht mich entsetzt an. Dann lachen wir. Die Kellnerin holt die Teller. Meine Auberginenscheiben liegen noch drauf. Vielleicht sollte ich auch eine Liste meiner Siege führen, denke ich.

Tag 49

Ich rekapituliere meinen Tag, während ich spät am Abend mit dem Rad aus einem Wiener Außenbezirk heimfahre. Zu Mittag habe ich Ianina getroffen. Sie hat wie Yoona an der Akademie der bildenden Künste studiert und später an die Klasse für Schreibkunst an der Hochschule für Angewandte Kunst gewechselt. Sie schreibt richtig gut. Überzeugend, authentisch und sexy. Sie will ein Interview mit ihrer Mutter führen, darüber, wie es für sie ist, so eine Tochter zu haben. Denn Ianina ist ein Schmetterlingskind. Schmetterlingskinder sterben irgendwann an Hautkrebs. Sie hat ihr Leben mit der Prognose „höchstens vierzig“ verbracht, und jetzt ist sie noch keine Dreißig, und es sieht nicht gut aus. Sie will in dem Interview ihre Mutter fragen, wie es für sie ist, dass ihre Tochter bald sterben wird.

Wir haben neben der Covergestaltung und dem Autorenhonorar auch die Frage besprochen, ob sie das Buch in der ihr verbleibenden Lebenszeit überhaupt noch hinkriegt. Die Nähe von Ianinas Tod hatte dabei nichts Erschreckendes. Es fühlte sich an, als würde sie sich anschicken, das Zimmer zu verlassen, während ich gerne noch etwas mit ihr tun würde. Vielleicht war das für mich so, weil ich aus ihren Texten weiß, wie intensiv sie gelebt hat und noch lebt.

Nach Ianina habe ich eine Frau getroffen, die seit dreißig Jahren als Heimhelferin für alte Menschen arbeitet. Weil sich Berufsbücher gerade gut verkaufen, hat sie mir eines mit den Geschichten vorgeschlagen, die sie jeden Tag erlebt. Sie bemühte sich bei unserem Gespräch, fröhlich zu wirken, weil ich ihr vor unserem Treffen geschrieben hatte, dass mich so ein Buch nur in einer heiteren Version interessieren würde. Sie lächelte also, während sie sagte, dass die meisten einsamen Alten selbst schuld seien, weil sie sich ihr Leben lang nur um sich selbst gekümmert hätten.

„Gibt es auch richtig lustige Dinge?", fragte ich.

Sie nickte und erzählte mir ein paar Anekdoten von einer alten Dame, die sie anscheinend besonders mochte. Ich fragte sie, was diese alte Dame früher einmal von Beruf gewesen war. Das wisse sie nicht so genau, sagte sie. Sie wäre schon jenseits der Neunzig gewesen, und ihr Berufsleben wäre schon zu lange zurückgelegen. Ich sprach mit ihr darüber, wie bedeutungslos die Lebensgeschichten der Menschen würden, wenn sie sehr alt seien, sogar für viele von ihnen selbst. Manche erzählten immer wieder die gleichen Geschichten, als wären es auswendig gelernte Texte aus fremder Feder, und manche vergaßen sie einfach.

Jetzt folge ich am Stadtrand einem Radweg, dessen matte Beleuchtung sich mit jener der Autobahnzubringer vermischt. Ich frage mich, was der Sinn eines Lebens ist, das gegen Ende nicht einmal mehr richtig aus sich selbst besteht, und halte unwillkürlich an. Um mich sind rote Stahlträger entlang einer

Brücke, Beton und orangefarbenes Licht. Ein Baum steht da, der nicht wie vom Wind, sondern wie von seiner Umgebung gepeitscht aussieht. Obwohl in der Ferne der Verkehr der Zubringer summt, kommt mir die Welt still vor. Ein Stück urbanes Niemandsland, das seine Romantik für jene entfaltet, die gerade keine Angst und keine Eile haben.

Ich frage mich, was der Sinn des Lebens überhaupt ist. Gibt es vielleicht gar keinen, denke ich, und ist die Suche danach einfach nur ein egozentrischer Versuch, in den eigenen Gedanken Halt zu finden? Ist die Selbstüberwindung nicht einfach nur jener Versuch von Sinngebung, für den ich durch meine sozialen Prägungen und charakterlichen Dispositionen prädestiniert bin und die in Wirklichkeit auch nur Romantik ist? „Ring dich nieder; gehe unter, bis du gänzlich dir entschwebst; dann geschieht das große Wunder, dass du tausendfältig lebst", reimte der Lieblingsdichter meiner Kindheit, Karl May, und irgendwie inspirierte mich das schon damals, aber war das nicht einfach nur kitschig? Hatte Miriam Recht, und ich sollte endlich aufhören mit dem Scheiß?

Tag 37

Veronika hatte sich meinen Wagen geliehen, um ihr ehemaliges serbisches Kindermädchen zu besuchen, eine inzwischen siebzig Jahre alte Frau, die wieder daheim in der Nähe von Niš lebt. Veronika steigt bei mir auf den Beifahrersitz um, und ich fahre sie zum Reiterhof. Auf der Autobahn erzählt sie mir, dass sich Bill Clinton vegan ernährt, seit die Ärzte bei ihm ein Herzproblem diagnostiziert haben. Mir wird bewusst, wie viele Menschen an ihrer Ernährung arbeiten. Ich finde das gut, denn Menschen verändern sich offenbar, wenn sie ihre Ernährung verändern, und wenn sich viele Menschen verändern, verändert sich die Welt. Ich finde es bloß merkwürdig, dass es in dem allgegenwärtigen Diskurs über neue Ernährungsformen kaum um die Überwindung der Gier geht. In einer narzisstisch geprägten Gesellschaft, die das Ich aus dem Gemeinschaftsgefüge löst und zum obersten Prinzip erhebt, verschiebt sich anscheinend die Bedeutung der Gier. Von einem dunklen Motiv, wie sie es in einer auf Gemeinschaft ausgerichteten Gesellschaft wäre, wird sie zu einer nützlichen Energiequelle. Gier ist in einem System, das letztlich sogar dem Raubtierkapitalismus Bewunderung zollt, sogar chique, denke ich. Gegen sie zu kämpfen, muss, wenn überhaupt einen, dann den Sinn haben, schlanker, schöner und fitter zu machen. Sie um ihretwillen und um der eigenen persönlichen Freiheit willen zu bekämpfen, das wirkt in so einer Gesellschaft esoterisch, ja peinlich, es ist das Thema notorischer Spielverderber.

Wir verlassen die Autobahn und durchqueren das an der Donau gelegene Städtchen Korneuburg. Kurz nach der Abfahrt, wo sich Tankstelle an Tankstelle reiht, klebt auf einer Wand ein großes rotes *McDonald's*-Plakat mit einem Hamburger um einen Euro darauf. „Wie kommst du mit deiner Ernährung klar?", fragt Veronika.

„Ich gewöhne mich langsam daran."

„Mal ehrlich", sagt sie. „Hast du die ganze Zeit wirklich nur rohes Obst und rohes Gemüse gegessen?"

Ich gehe in Gedanken meine Fehlerliste durch. Darauf stehen

jetzt auch Oliven, Essiggurken und Dattelkonfekt. Es gibt keine rohen Oliven. Die wären zu bitter, und Oliven schmecken immer nach Salz. Essiggurken sind ebenso wenig roh, und Dattelkonfekt besteht zwar aus nichts als rohen Datteln und Kokosraspeln, doch es erscheint mir trotzdem wie ein Verstoß gegen meinen Ernährungsplan. Alle drei Einträge sind Spuren, die Dienstreisen hinterlassen haben, auf die ich mich kulinarisch nicht richtig vorbereitet hatte. „Im Prinzip schon", sage ich zu Veronika.

„Das ist, weil du so ein verdammt disziplinierter Mensch bist", sagt sie.

„Ich bin genau das Gegenteil von diszipliniert", sage ich. „Ich habe 25 Jahre gebraucht, um auch nicht viel weiter zu kommen, als Bill Clinton bei einem einzigen Arztbesuch."

Veronikas Freund Dominik zum Beispiel hat das Problem mit der Gier nicht. Vor wenigen Wochen fing er auch an, nur noch rohes Obst und Gemüse zu essen. Ich hatte damit gerechnet, denn es ist zwar leicht, Veronika zu überhören, aber wer ihr zuhört, landet schnell in einer Welt, in der ihm seine eigene wie eine Illusion vorkommt, an die er eben noch sein Leben verschwendet hat. Dominik hat das Problem mit der Gier sogar auf krasse Weise nicht. Es scheint, als wäre diese Ernährungsumstellung für ihn tatsächlich nicht schwieriger, als seinen Kleidungsstil zu ändern. Veronika und ich beobachten ihn einigermaßen fassungslos.

Dominik gönnt sich nicht einmal die kleinen Hilfen, die mir die Umstellung erleichtern. Zum Beispiel die Hälfte der Kalorien in Form von Smoothies zu sich zu nehmen. Wenn er die Nahrung nicht kaue, speichle er sie nicht ein, und dann würden ihm wichtige Enzyme fehlen, meint er dazu lapidar. Scharfe Pfefferoni oder Chili und Knoblauch im Salatdressing sind für

ZUCCHINI-SPAGHETTI

Zutaten: 750 Gramm Cherry-Tomaten, drei Mangoldstiele, ein Bund Koriander, frisches Basilikum, frischer Thymian, frisches Oregano, eine rote Rübe, eine Prise Zimt, eine halbe Avocado, fünf bis sechs große Zucchini.

Zubereitung: Die Zucchini schälen und mit einem Spiralschneider zu Nudeln schneiden. Die restlichen Zutaten in einem Mixer zu einer Soße pürieren, über die Zuchininudeln gießen und mit Basilikumblättern garnieren.

ihn auch eher überflüssige Reminiszenzen an alte Geschmacksgewohnheiten. Es ist ein Gefühl für mich, als würde ich gut vorbereitet, mit perfekter Ausrüstung und unter Aufbietung meiner letzten Kräfte schwitzend und strauchelnd den Gipfel eines Viertausenders zu erklimmen versuchen, während ein Teenager mit iPod und Turnschuhen locker an mir vorbeijoggt.

„Ich optimiere einfach gerne Dinge", sagte Dominik leichthin, als ich ihn ein paar Tage vor Veronikas Abreise nach Serbien am Reiterhof fragte, warum er seine Ernährung umgestellt habe. „Ich merke, dass es funktioniert. Mein Magen ächzt nicht mehr. Weißt du, was ich meine? Früher hat mein Magen nach dem Essen manchmal geächzt. Jetzt blubbert er."

„Und die Gier?", fragte ich ihn.

„Was meinst du mit Gier?"

Dominik stand während unseres Gesprächs in der Küche,

schälte mit den ihm eigenen, bedächtigen Bewegungen drei Bananen und warf die Schalen in den Eimer für Biomüll. Einmal am Tag kippt Veronika dessen Inhalt auf einen Anhänger hinter dem Reitstall, auf den die Stallknechte über eine Rampe auch den Pferdemist fahren. „Ich muss nur aufpassen, nicht zu wenig zu essen", sagte Dominik. „Durch die viele Materie von Obst und Gemüse stellt sich leicht ein vertrautes Völlegefühl ein, obwohl ich eigentlich noch nicht genug Kalorien zu mir genommen habe."

Veronika und ich hatten schon gegessen. Wir sahen ihm zu, wie er das Fruchtfleisch von drei Khakis über den Bananenbrei träufelte. „In deinem Alter hätte ich die Umstellung nie geschafft", sagte ich zu Dominik.

„Ich habe eine andere Geschichte als du", sagte er. Er erzählte mir, dass seine Mutter Lebensmittelallergien hatte, sich mit Ernährung befasste und das Thema deshalb in seiner Familie präsent war. „Ich bin es von Kindheit an gewöhnt, meine Ernährung zu verändern", sagte er. „Das hilft mir."

Ich zeigte auf die Salatblätter, die grün im orangefarbenen Khakisaft lagen. „Das schmeckt dir?", fragte ich.

„Willst du probieren?"

Während mir die Welt die Gier widerspiegelt, die ich selbst erlebe, spiegelt sie ihm offenbar seine eigene Leichtigkeit im Umgang damit wider, denke ich jetzt im Auto. Dementsprechend ist er überzeugt, dass rohe vegane Ernährung bald der Standard eines nennenswerten Teils der Bevölkerung sein wird. Es hat endlos gedauert, bis die Vegetarier gesellschaftsfähig wurden, aber die Veganer haben sich schon binnen Kurzem durchgesetzt, meint er. Für ihn ist klar, was als Nächstes kommt.

Wenn Gier bedeutet, sich den eigenen Dämonen zu stellen, dann bedeutet Dominiks Leichtigkeit im Umgang mit ihr entweder, dass manche Menschen schon dort sind, wohin ich will, oder dass bei manchen die Kampflinie in der Auseinandersetzung mit ihren Dämonen anderswo verläuft. Vor Kurzem sprach ich mit Estibaliz über dieses Thema. Die Lebensgeschichte der gebürtigen Mexikanerin erscheint Ende des Jahres bei uns. An dem Punkt, an dem zwei Menschen, die sich auf die eine oder andere Art für einander interessieren, zu den Dingen vordringen, die sie gerade am meisten beschäftigen, erzählte ich ihr von meinem Versuch, meine Gier zu überwinden, und von meiner Neugierde, was das im Erfolgsfall für mich bedeuten würde. „Ich will nicht akzeptieren, dass mir etwas gegen meinen Willen Handlungen aufzwingt", sagte ich zu ihr.

Estibaliz hörte mir mit einem nach innen gekehrten Blick zu, der mich vermuten ließ, dass meine Worte bei ihr auf eine Entsprechung stießen, auch wenn sie dabei immer wieder den Kopf schüttelte. „Ich weiß, was du meinst", sagte sie schließlich. „Bloß ist es bei mir nicht das Essen. Bei mir ist es die Wut."

Estibaliz hatte zwei Männer, die sie einmal geliebt hatte, erschossen, ihre Leichen mit einer Motorsäge zerschnitten, die Teile in Beton eingegossen und im Keller unter ihrem Eissalon versteckt. Die psychiatrische Gerichtsgutachterin hatte sie als so gefährlich eingestuft, dass selbst im Gefängnis noch besondere Aufmerksamkeit geboten sei.

Ich fragte mich, ob sogar Estibaliz ihren Kampf gegen ihre Wut führen und gewinnen konnte, egal, was an sogenannten wissenschaftlichen Belegen für ihre Abnormität vorlag, und ob ihr, wann immer sie ihn gewonnen hatte, dann auch die Freiheit zustünde. „Ich bin überzeugt davon, dass einen Menschen nichts bestimmen kann, das er nicht selbst zu überwinden in der Lage wäre", sagte ich zu ihr.

Estibaliz, die viel Zeit mit dem Gefängnisseelsorger und in der Gefängniskapelle verbringt, lächelte. „Das ist das Grundprinzip der Hoffnung", sagte sie. „Und Hoffnung ist das Grundprinzip des Glaubens."

Veronika und ich fahren jetzt an dem großen *McDonald's*-Plakat mit dem Hamburger um einen Euro vorbei. Veronika bemerkt meinen Blick. „Hättest du Lust auf so etwas?", fragt sie.

„Die Wahrheit ist, dass ich dauernd Lust auf so etwas habe", sage ich, „aber komischerweise ist mir diese Lust meistens egal."

Es stimmt. Die Gier ist noch da, aber sie ist jetzt manchmal nur noch wie ein Hintergrundgeräusch meines Lebens, das einmal lauter und einmal leiser ist. Ich habe sie unter Kontrolle, solange ich sie mir bewusst mache. Meine Ängste und Muster haben sich wohl schon zum Teil aus meinem Körper verflüchtigt, denke ich. Meine Dämonen sind noch da, aber sie sind müde geworden.

Tag 91

Obst und Gemüse zu kaufen, ist für mich eine kreative Tätigkeit geworden. Ich ertappe mich manchmal dabei, wie ich mich lange in den Obst- und Gemüse-Abteilungen aufhalte, zuerst das Gesamtangebot sondiere, dann die interessanten Früchte eingrenze und schließlich einige in den Einkaufswagen lege. Manchmal bin ich 15 Minuten in so einer Abteilung, und ich weiß inzwischen, was mich hier hält. Je mehr ich das Prinzip der Gier überwinde, desto mehr entdecke ich das Prinzip der Lust.

Ich halte inzwischen die Idee, dass manche Dinge die Lust bedienen und dafür ungesund sind, während andere langweilig und dafür gesund sind, für ein typisches Missverständnis einer narzisstischen Gesellschaft. Eine solche Gesellschaft neigt wohl dazu, die Lust zum Selbstzweck zu erheben, zu etwas, das die Evolution hervorgebracht hat, damit sie das Leben besser genießen kann. Tatsächlich hat die Evolution die Lust wohl kaum als Spaßkonzept entwickelt, sondern vielmehr als Leitprinzip, denke ich.

Der menschliche Körper hat offenbar die Fähigkeit, dem Gehirn über den Faktor Lust mitzuteilen, was gerade gut für ihn ist. Wer sich dieses natürliche Prinzip erhalten hat, bekommt, wenn es ihm zum Beispiel an Magnesium mangelt, vielleicht Lust auf Erbsen, weil Erbsen viel Magnesium enthalten. Zumindest erscheint es mir 91 Tage nach der Umstellung meiner Ernährung auf nur noch rohes Obst und Gemüse so.

Ich beobachte schon eine Weile, wie mich das Lustprinzip lenkt. Es gibt Tage, an denen ich Lust auf Litschis habe und an denen ich, obwohl ich den Naschmarkt seiner Preise wegen zunehmend meide, bereit bin, mir welche von dort zu holen. Mein Mittagessen besteht dann aus einem Kilo Litschis, und es macht mich glücklich. So glücklich, dass ich drei Tage später am gleichen Stand die gleichen Litschis kaufe, allerdings nicht getrieben vom Lustprinzip, sondern vom Erfahrungswert, um dann enttäuscht festzustellen, dass Litschis in Ordnung sind, aber sich die gleiche Begeisterung nicht noch einmal einstellt, und dass ich eigentlich Lust auf Mangos gehabt hätte. Das Lustsignal für Litschis hatte mir offenbar mein Körper geschickt, weil ich vielleicht gerade einen Bedarf an Kalium hatte, von dem Litschis viel enthalten, oder weil mein Magen gereizt war und Litschis besonders leicht zu verdauen sind. Als das Problem gelöst war, schickte mir mein Körper andere Lustsignale.

Ich stelle diese Version des Lustprinzips manchmal auf die Probe. Wenn ich Lust auf eine bestimmte Obst- oder Gemüsesorte habe, sehe ich mir, bevor ich einkaufen gehe, den Gesundheitswert des betreffenden Lebensmittels an, um Zusammenhänge zwischen ihm und meinem aktuellen Befinden herzustellen. Zum Beispiel interessierte mich, warum Mangos meine neuen Lieblingsfrüchte waren.

Ich fand heraus, dass sie wertvolle Vitamine, Mineralien, Spurenelemente und Enzyme enthalten. Sie gehören außerdem zu den carotinreichsten Obstsorten. Nach Bedarf wandelt der Körper Carotine in Vitamin A um, mit dem er sein Immunsystem stärkt, der vorzeitigen Hautalterung vorbeugt und für gesunde Augen sorgt. Reife Mangos geben Energie, verbessern den Appetit, die Verdauung und wirken sich positiv auf das Gedächtnis aus. Mangos haben außerdem eine antibakterielle, fungizide und antivirale Wirkung. Sie beleben den gesamten Organismus, aktivieren die Sexualhormone und beugen Stress und Kreislaufschwäche vor. Was erklärt, warum ich praktisch immer Lust auf Mangos und gelbe, cremige Mango-Smoothies habe.

Ich habe außerdem herausgefunden, dass mich das Lustprinzip nicht nur zu körperlichem, sondern auch zu seelischem Wohlbefinden leitet. Einmal war ich übler Laune und musste mich vor jedem eingehenden Telefonat und bei jedem Gespräch im Büro darauf konzentrieren, nicht unangemessen zu rea-

BROKKOLI-NUDELN

Zutaten für die Soße: 150 Gramm Zucchini, vier Esslöffel Selleriestange, drei Esslöffel Pinienkerne, ein Esslöffel Zitronensaft, eine halbe Medjool-Dattel, eine Prise Muskatnuss, zwei frische Salbeiblätter, ein Teelöffel Knoblauch.

Zutaten für die Nudeln: zwei große, mit einem Spiralschneider zu Nudeln geschnittene Zuchini, 200 Gramm Brokkoliröschen, zwei Esslöffel dünn geschnittene, ungesalzene, getrocknete Tomaten.

Zubereitung: für die Soße alle Zutaten gründlich pürieren und mit den restlichen Zutaten gut vermischen.

gieren. Ich schickte Veronika eine SMS mit der Frage, ob sie auch einen Ernährungstipp gegen schlechte Laune hätte. „Iss Rettich“, schrieb sie mir zurück.

Trotz der Erfahrungen, die ich mit den Geheimnissen des Lustprinzips schon gemacht hatte, war ich verblüfft. Denn ich hatte bereits am Vortag außerordentliche Lust auf Rettich gehabt und war doppelt verärgert gewesen, als er in dem Lebensmittelmarkt, in dem ich ihn gewöhnlich kaufte, ausverkauft gewesen war. Als ich Veronikas Antwort bekam, ragten aus meiner Tasche wie zwei Mäuseschwänze bereits die Spitzen von zwei großen Rettichen, und immer wenn ich sie sah, freute ich mich darauf, sie am Abend zu essen.

Ich las nach. Rettich wirkt, ungesalzen gut gekaut, nicht nur gegen Bronchitis, er ist auch gut für die Galle, die wohl nicht zufällig als Sitz des Zorns und des Ärgers gilt, und er entspannt die Leber, was ebenfalls positive Effekte auf die Stimmung hat.

Martina, eine Kriminalreporterin, die Estibaliz beim Schreiben ihres Buches hilft, brachte meine neue Version des Lustprinzips als Offenbarung der Natur für Menschen, die nur noch rohes Obst und Gemüse essen, allerdings ins Wanken. „Das ist nichts Neues für mich", sagte sie zu mir, als ich ihr davon erzählte. „Ich muss dafür nicht erst rohes Obst und Gemüse essen."

Martina isst, was Wiener der gebildeten Bürgerschicht so essen. Sie betonen gerne, dass Fleisch nur selten auf ihrem Speiseplan steht, und daheim kochen sie gerne Zucchini mit Zwiebeln und Kartoffeln oder Gemüsecremesuppen, aber wenn sie ausgehen, wird es dann doch meistens Geflügel, Schwein oder Rind. Ich kam mir wie ein naives Opfer meiner Euphorie vor, wie der Entdecker von etwas, das schon alle Welt wusste. Bis Veronika mir die Sache erklärte.

Der menschliche Körper analysiert demnach die Inhaltsstoffe von Lebensmitteln nicht mit Hilfe unsichtbarer Tentakel, um dann die entsprechenden Lustsignale ans Gehirn senden zu können. Vielmehr arbeitet er mit Erfahrungswerten. „Er analysiert die Lebensmittel, die du ihm zuführst, merkt sich, welche Stoffe er worin findet und teilt dir auf dieser Basis mit, was er braucht und deshalb gerne hätte", sagte Veronika.

Ernährt sich also jemand von Schinken-Käse-Toasts, Brownies und Red Bull, sucht der Körper die Nährstoffe, die er braucht, in diesen Lebensmitteln, und wird, so wie Müllmenschen, die auch noch auf Müllhalden Essbares finden, zum Teil fündig. Da er nichts anderes gut genug kennt, verlangt er dann bei einem Magnesium-Mangel nach einem bestimmten Starbucks-Brownie, weil er einmal festgestellt hat, dass der zumindest Spuren an Magnesium enthält. Weil es eben nur Spuren sind, verlangt er nach so vielen dieser Brownies wie möglich, und dann isst jemand diese Brownies, bis ihm schlecht wird.

Der Körper tut sich allerdings umso leichter, je eindeutiger er die Lebensmittel und ihre Inhaltsstoffe erkennen kann, erklärte mir Veronika. Für ihn gibt es nichts Eindeutigeres als zum Beispiel eine rohe Litschi, eine rohe Mango oder rohen Rettich. Er muss so keine durch Kochen und andere Behandlungen veränderte Nahrung erst mühsam in ihre ursprünglichen Bestandteile zerlegen. Salz und Zucker lösen besonders schwere Verständigungsprobleme zwischen dem Körper und dem Gehirn aus. Denn Obst enthält Fruchtzucker und Gemüse Salze. Wenn der Körper eines Menschen, der sich traditionell ernährt, Mangos meint, versteht das Gehirn Schokoladeriegel, und wenn er Rettich meint, versteht es bei jemandem, der oft ins Kino geht, Nachos.

Koppelt sich ein Mensch vom Gier-Prinzip ab, indem er nur rohes Obst und Gemüse isst, springt das Lustprinzip offenbar richtig an. Der Körper speichert die Information, was er im Obst und Gemüse findet, und wenn er etwas davon braucht, sendet er seinen Bedarf an dieser Obst- oder Gemüsesorte immer eindeutiger ans Lustzentrum.

Noch eine Frage, die mich oft beschäftigt hat, beantwortet für mich das Lustprinzip. Ich habe oft vergeblich darüber nachgedacht, wie das uralte Wissen über die heilende Wirkung von Kräutern und Pflanzen entstehen konnte, ohne dass den Menschen damals auch nur der Ansatz eines chemischen Labors zur Verfügung stand. Die empirische Erforschung solcher Heilwirkungen war ja wohl schwer möglich. Dafür hätte sich ein Urzeit-Patient so lange durch alle Kräuter essen müssen, bis eins gewirkt hätte, und wahrscheinlich hätte ihm selbst dann keiner sagen können, welches genau es gewesen war. Wenn das Lustprinzip die Menschen, die sich noch rein ernährten, einst zu den heilenden Pflanzen und Kräutern geleitet hatte und sie das daraus resultierende Wissen konserviert hatten, ergab das alles auf einmal Sinn.

Ich packe meine Einkäufe in meine Tasche und verlasse den Supermarkt. Die Auferstehung meines Lustprinzips ist vermutlich eines der ganz großen Dinge, die meine Ernährungsumstellung auf nur noch rohes Obst und Gemüse mit sich gebracht hat, denke ich, als ich mein Rad aufsperre. Wohin wird es mich in Zukunft noch leiten?

Tag 92

Damit der Krug mit meinem Frühstücks-Smoothie auf meinem Schreibtisch keine Wasserränder hinterlässt, stelle ich ihn auf einen Prospekt. „So viel Frucht ist kaum zu fassen“, steht darauf, der Slogan der Orangenlimonade *Frucade*. Der Gedanke, dass vielleicht alle anderen mit ihrer Ernährung alles richtig machen und ich alles falsch, hat mich noch immer nicht ganz losgelassen. Deshalb sehe ich im Internet die Inhaltsstoffe von *Frucade* nach. Wasser und Zucker steht da, Orangensaft aus Konzentrat (8 Prozent), Kohlensäure, Säuerungsmittel

Zitronensäure, natürliches Aroma. Stabilisatoren: Pektin und Guarkernmehl. Antioxidationsmittel Ascorbinsäure. So viel Frucht soll kaum zu fassen sein? So ganz lässt mich auch nie der Gedanke los, dass sich alle anderen verarschen lassen und ich es ihnen sagen müsste.

Am Nachmittag mache ich einen Ausflug mit Réka. Sie fragt mich, ab wann ich meinem Sohn, wenn ich einen hätte, Schokolade geben würde. Ihr Sohn Philip sitzt aufrecht im Kinderwagen und strahlt die Menschen um uns an.

Réka und ich waren bis vor zehn Jahren ein Paar, jetzt ist sie so etwas wie ein Familienmitglied. Manchmal machen wir Ausflüge an Wochenenden, bei denen seit mehr als einem Jahr Philip dabei ist.

Ab welchem Alter würde ich meinem Sohn, wenn ich einen hätte, Schokolade geben? Ich denke über Rékas Frage nach. Philip fehlt die Schokolade nicht. Ab dem Zeitpunkt, zu dem sie ihm welche gibt, wird sie ihm fehlen.

Réka, eine Psychotherapeutin, die in der manchmal schwierigen Lage ist, Dinge mehr als andere Menschen mit dem Herzen zu sehen, wird ihm trotzdem Schokolade geben. Weil alle Kinder Schokolade bekommen und sie Philip davon nicht ausschließen will. Weil sie Angst hat, dass Philip später einmal nicht lernt, mit Schokolade richtig umzugehen. Weil sie denkt, dass Schokolade ein Vergnügen dieser Welt ist, das sie Philip nicht vorenthalten will.

Wir sind gerade auf der Baumgartner Höhe gewesen, einem mit dem Bus erreichbaren Naherholungsgebiet mit Blick auf die Stadt, zu dem der Weg an Otto Wagners Jugendstil-Kirche, der Kirche am Steinhof, vorbeiführt. Ich habe mit Philip, der seit Kurzem laufen kann, mit Tannenzapfen Fußball gespielt, und Réka hat ihm ein Reh gezeigt und dabei „Szarvas" gesagt, weil sie als gebürtige Ungarin Philip zweisprachig erzieht. Jetzt stehen wir an der Haltestelle, in die gerade der Bus einfährt. „Eigentlich", sage ich, „brauchst du ihm nie Schokolade zu geben."

Ich murmle es nur. Ich will nicht klingen wie die sektiererischen radikalen Ernährungsapostel, die ihre Kinder aus esoterischen Gründen seltsamen Zwangsernährungen unterziehen und am Ende vielleicht noch zusehen, wie sie an operablen Krankheiten sterben, weil sie die Schulmedizin ablehnen.

Réka nickt, und wenn sich auch ein Nicken murmeln ließe, wäre dieses Nicken ein gemurmeltes gewesen. Sie selbst isst keine Schokolade. Sie ist knapp über dreißig und ernährt sich überaus spartanisch. Das tut ihr gut. Wenn ich sie am Plattensee besuche, wo ihre Familie ein Ferienhaus hat, schwimmt sie bis über den Horizont hinaus, und danach, wenn sie sich in der Sonne aufgewärmt hat, tut sie es noch einmal.

Ich sehe Philip an und stelle ihn mir mit einer Tafel Schokolade in den Händen vor. Manchmal ist die schlechtere Lösung vielleicht trotz allem die vernünftigere, denke ich.

An der nächsten Haltestelle steigt eine Frau ein, die ebenfalls einen Kinderwagen schiebt. Der Junge darin ist mit einer Haselnuss-Waffel beschäftigt. Als er sie gegessen hat, dreht er sich zu seiner Mutter um. „Noch eine", sagt er. Er wirkt dabei wach, stark und fordernd.

Vielleicht gehört es zum menschlichen Entwicklungsprozess, dass wir in all diese Dinge stolpern und uns wieder daraus lösen müssen, denke ich. Ich glaube nicht recht daran, aber es ist der einzige einigermaßen akzeptable Grund, der mir einfällt, Kin-

SPROSSEN-WRAP

Zutaten für die Avocado-Mayonnaise: 80 Gramm gehackter Karfiol, 55 Gramm gehackte Selleriestange, zwei Esslöffel Avocado, vier Esslöffel Zitronensaft, zwei Esslöffel Wasser, eine Medjool-Dattel, ein viertel Teelöffel frisch gemahlene Senfsamen, eine Prise Muskatnuss.

Zutaten für den Wrap: ein Salatkopf mit großen Blättern, 400 Gramm gehackte Mungobohnensprossen oder Sonnenblumensprossen, 175 Gramm bunte, klein geschnittene Paprika, 200 Gramm klein geschnittene Tomate.

Zubereitung: Die Zutaten für die Avocado-Mayonnaise gut pürieren. Ein Salatblatt mit der Mayonnaise bestreichen, mit Mungobohnensprossen, Paprika und Tomaten belegen und einrollen.

dern ab irgendeinem Zeitpunkt Zucker, Fett und Salz zu geben und sie damit an den Tropf der modernen Nahrungsmittelindustrie zu hängen. Was die Nahrungsmittelindustrie betreibt, ist im Prinzip Symptom einer gewaltigen Hybris, denke ich, als wir weiterfahren. Denn es ist ein Sich-über-das-Höchste-Stellen, über die Natur, über die Evolution oder über Gott, zu denken, dass wir dann am gesündesten sind, wenn wir Dinge essen, die Nahrungsmittelkonzerne mit einem ungeheuren Aufwand an Chemie, Technik und industriellen Verarbeitungsprozessen herstellen. Wer so denkt, sagt ja schließlich: Die Natur, die Evolution oder Gott mögen uns Menschen hervorgebracht haben und mit uns Menschen die Nahrung, die wir brauchen, um ein gesundes und glückliches Leben zu führen, aber wir können das besser.

Mir kommt es jetzt eher vor, als würden all die Chemie, all die Technik und all die industriellen Verarbeitungsprozesse nicht uns Menschen dienen, die wir diese Nahrung essen, sondern den Konzernen, die sie herstellen. Sie machen die Nahrung haltbarer, transportfähiger, tauglicher für die Massenproduktion und billiger produzierbar, und wie gut sie ist, spielt nicht mehr die große Rolle, weil die Konzerne ihre Kunden dabei anscheinend über deren Gier manipulieren können.

Wenn Frucade mit dem Slogan „So viel Frucht ist kaum zu fassen" wirbt, ist das eigentlich nicht nur Verarsche, denke ich, sondern eher ein Fall von falscher Suggestion mit dem Zweck, Kunden zu den falschen Lebensmitteln zu verführen und ihnen dabei das Geld aus der Tasche zu ziehen. Doch die Werbung scheint mir noch das kleinere Übel zu sein, seit das Buch des Pulitzer-Preisträgers Michael Moss „Das Salz-Zucker-Fett-Komplott: Wie die Lebensmittelkonzerne uns süchtig machen" erschienen ist. Er zeigt darin, wie die Nahrungsmittelindustrie menschliche Programmierungen benützt, um ihre Kunden abhängig zu machen. Demnach investiert sie Milliarden, um Dinge wie die perfekte Mischung an Salz, Zucker und Fett zu finden, weil diese drei Stoffe auf das Belohnungszentrum unseres Gehirns wirken.

Bei Kartoffelchips zum Beispiel liegt die enthaltene Menge an Salz genau beim „Glückspunkt", bei dem es am stärksten im neuronalen Belohnungszentrum einschlägt. Ernährungswissenschaftler haben weitere raffinierte Methoden angewandt, um uns zum Essen möglichst vieler Chips zu verleiten. So haben sie herausgefunden, dass wir am glücklichsten sind, wenn unsere Chips bei einem Druck von 276 Millibar brechen. Also brechen sie bei 276 Millibar. Dazu die Stärke, die eine Form von Zucker ist und unseren Blutzuckerspiegel hochschnellen und gleich wieder sinken lässt, was ständig unsere Lust auf noch mehr Chips schürt. Dann das Fett, das ein angenehmes Gefühl im Mund verursacht, sowie der Effekt des Zergehens auf der Zunge. Der erweckt den falschen Eindruck, dass die Chips nur wenige Kalorien haben. Das alles können die Ernährungswissenschaftler klarerweise nicht nur bei Chips.

Ich finde es verständlich, wenn Unternehmen ihre Produkte möglichst verkäuflich machen. Doch ich fände es nicht verständlich, wenn ein Autohersteller seine Autos so gestalten würde, dass sie sich zwar bequem fahren, dafür aber die Polsterung, wenn jemand besonders viel damit fährt, Hautkrebs verursachen würde. Das Argument, dass jeder selbst dafür verantwortlich ist, was er isst, finde ich zynisch, wenn es um Nahrungsmittelkonzerne geht, die zuerst die neuronalen Belohnungszentren manipulieren.

„Hast du gewusst, dass Madonna ihren Kindern gar keinen Zucker gibt?", sage ich zu Réka, als wir aus dem Bus steigen.

Tag 125

Das Meer glitzert blau und manchmal silbrig durch die vielen Fenster meines großen weißen Zimmers. Wenn ich am Morgen die Augen öffne, wenn ich an meinem Schreibtisch sitze und wenn ich zu dem kleinen Gemüsemarkt von Postira gehe, ist es immer da. Ich fühle mich stark. Ich fühle mich gesund. Es geht mir gut.

Silvia, die einst das erste bei uns erschienene Buch geschrieben hat, das es auf die Bestsellerlisten schaffte, hat mir für den Juli eine Wohnung in einer kleinen Stadt an der Nordküste der Insel Brač besorgt. Ich arbeite jeweils bis zum Abend an Manuskripten, dann gehe ich an den Strand, oder ich wandere unter Kiefern an der Küste entlang. Am späteren Abend arbeite ich weiter. Ich komme auf mindestens zehn Stunden konzentrierter Arbeit an Texten am Tag, und es liegt vielleicht an der Insel, aber früher habe ich bei dieser Art von Arbeit höchstens sechs Stunden geschafft.

Ich freue mich jeden Tag darauf, mich abends auf das schmale Bett in dem großen Raum zu legen und in dem Bewusstsein, dass draußen überall das Meer ist, die Augen zu schließen. Die schlechten Träume, die ich früher hatte, sind ganz weg. Diese Nacht habe ich von Dandy, Veronikas Hund, geträumt, aber ich kann mich nicht mehr erinnern, worum es ging.

Lena, die hier in dem modernen Steinhaus ihr eigenes Zimmer mit Dusche bewohnt, hat mir vor unserer Abreise erzählt, dass sie im Spätherbst nach Nürnberg ziehen wird, ihres Studiums und der dort für sie günstigeren Fremdengesetze wegen. Seither geht es mir mehr als um ihre Dienstleistungen als Haushälterin darum, ihr schöne Erinnerungen an ihre Zeit bei

MEINE LIEBLINGSSPEISE

Zutaten: Zwölf Bio-Medjool-Datteln, sechs reife Bio-Bananen und ein halbes Kilo süße Bio-Erdbeeren.

Zubereitung: Bananen und Datten cremig pürieren und die Erdbeeren grob geschnitten in die Soße streuen.

mir mitzugeben. Sie hat hier, auf der Insel, auch kaum Aufgaben was die Organisation meines Lebens betrifft. Am Gemüsemarkt und in einem der örtlichen Supermärkte kriege ich alles, was ich brauche, und ich gehe selbst hin, um es auszuwählen.

Als ich heute aufstehe, fällt mir auf, dass Tag 120 meines Ernährungsexperiments irgendwann in der vergangenen Woche verstrichen sein muss. Ich habe nicht einmal Lust, nachzurechnen wann genau, denn ich habe nicht vor, jetzt zu meiner alten Ernährung zurückzukehren. Ich will die Dinge, die mir meine neue Ernährung gibt, jetzt nicht gegen jene tauschen, die mir Zucker, Fett, Salz, Weizen und Gekochtes gegeben haben.

Der Gemüsemarkt in einer Seitenstraße von Postira besteht aus vier Ständen. Drei gehören Bauern aus der Umgebung. Der vierte führt Bananen, Pfirsiche und Weintrauben in guter Qualität. Ich kaufe bei den Bauern meistens schwere Fleischtomaten natürlicher Sorten mit Farbtönen zwischen Schwarz, Dunkelrot und Grün, verschiedene Salate, kleine, leuchtend rote Radieschen, Gurken, weiche grüne Feigen, und manchmal Frühlingszwiebel, die es in gemischten Bünden mit violetten und weißen gibt, halbscharfe grüne Pfefferoni, erdige Knoblauchknollen und Walnüsse, die im Supermarkt wohl unter „Klasse II" fallen würden aber dieses gewisse Etwas haben.

Meine Gier ist kein großes Thema mehr für mich. Wenn ich abends an einem der kleinen Fischrestaurants im Dorf vorbeigehe und den Duft der Seebarsch- und Thunfisch-Filets auf den Eisengittern über den offenen Feuern rieche, denke ich manchmal, dass ich für Fisch einmal eine Ausnahme machen könnte. Ich habe mein ursprüngliches Ziel, 120 Tage zu überstehen, ja erreicht. Ich könnte mir den Fisch gönnen. So zwischendurch zum Beispiel. Doch dann denke ich an die anderen Fische, die ich Lena manchmal vom Fischmarkt mitbringe, wenn ich früh genug im Ort bin. Es kommt mir jedes Mal seltsam vor, die toten Tiere mit mir herumzutragen. Wenn ich sie dann, in der Mitte entzweigeschnitten, gebraten in Lenas Pfanne liegen sehe, ist in ihren toten Augen etwas Grässliches. Vielleicht könnte ich mich sogar wieder daran gewöhnen, doch ich glaube, ich will nicht.

In die Fallen meiner Gier tappe ich höchstens noch im Traum. Ich sehe mich in Bäckereien, in denen ich Brot kaufe, ich sehe mich ein Stück Kuchen essen, ich sehe mich ein Stück weißes Fischfilet aus einer Pfanne holen, und ich wache dann mit dem Gefühl auf, dass ich es noch nicht ganz geschafft habe. Vielleicht kommen noch Niederlagen, denke ich dann, aber es werden die letzten sein.

Wenn ich am Sinn der Selbstüberwindung zweifle und mich bei meinem Ärger über kleine Niederlagen selbst für einen Spinner halte, denke ich daran, dass die Selbstüberwindung seit Jahrtausenden ein religiöses Motiv ist, für mich ein Indiz dafür, dass sie einen praktischen Nutzen haben muss. Ich lese am Strand manchmal in einem Buch mit Zitaten von Dietrich

Bonhoeffer, einem Theologen, den die Nationalsozialisten im Alter von 39 Jahren ermordet haben und der in seinen Texten die zentralen Fragen der menschlichen Existenz berührt. „Eine Niederlage zeigt dem vitalen und ethischen Menschen, dass seine Kräfte noch wachsen müssen, ehe sie die Probe bestehen", schreibt er einmal. „Darum ist eine Niederlage niemals unwiderruflich. Der Christ weiß, dass ihn in der Stunde der Versuchung jedes Mal alle seine Kräfte verlassen werden. Darum ist für ihn die Versuchung die dunkle Stunde, die unwiderruflich werden kann. Darum sucht er nicht nach der Bewährung seiner Kraft, sondern betet: führe uns nicht in Versuchung."

Wenn ich in einem der kroatischen Supermärkte, von der Obst- und Gemüse-Ecke kommend, an der Fleisch- und Wurstabteilung vorbeigehe, spüre ich auch tatsächlich noch immer etwas, das sich wie Gier anfühlt. Ein paar Scheiben Mortadella, dazu ein frisches weißes Baguette, das finde ich dann ziemlich verlockend.

Ich frage mich in solchen Momenten manchmal, ob dieses Gefühl wirklich je ganz vergehen wird, wie es Veronika angekündigt hat. Meine Konditionierungen auf Salz, Zucker, Fett und Getreide sind vielleicht doch so alt, dass ich sie nie mehr ganz überwinden werde. Andererseits dachte ich ähnlich auch damals, als ich mit dem Rauchen aufhörte. Ich dachte, dass ich niemals Zigarettenrauch riechen können würde, ohne selbst rauchen zu wollen. Inzwischen nervt mich Zigarettenrauch selbst dann, wenn jemand auf offener Straße in meiner Nähe raucht.

Selbst wenn ein leises Hintergrundgefühl von Gier immer bliebe, könnte ich es in Kauf nehmen, finde ich. Es reicht nicht mehr richtig an mich heran, und es ist viel besser als dieses

Gefühl, etwas gegessen zu haben, das mir nicht gut tut, und womöglich noch zu viel davon.

Es ist für mich in Ordnung, meinen Willen anzustrengen. Diese Anstrengung fühlt sich an wie etwas, das ich für mich tue. Auch Sport ist anstrengend. Es ist für mich anstrengend, an einem kalten, regnerischen Tag meine Joggingsachen anzuziehen, aufzuwärmen und von meiner Wohnung aus das Stück durch die Stadt hinüber zum Schloss Belvedere und dort ein paar Runden durch den Barockgarten zu laufen. Es ist anstrengend, obwohl es mir Spaß macht und mir gut tut. Genauso ist es manchmal anstrengend, mir die Reste meiner Gier bewusst zu machen, sie zu beobachten, zu sehen, was sie mit mir machen wollen und sie unter Kontrolle zu behalten.

An diesem Abend machen Lena und ich einen Spaziergang durch den Ort zu dessen Westende und weiter dem dort gemauerten Ufer entlang. Ich genieße, noch halb versunken in meine im Steinhaus liegenden Manuskripte, unsere Einsilbigkeit und die Welt um uns. Als wir den Ort verlassen, kommen wir an einem Hotel mit Schwimmbecken und weißen Liegen vorbei, dessen Stil mich an Veronikas und unser Hotel auf Teneriffa erinnert. Die Tische des Restaurants stehen knapp an der Mauer zur Uferpromenade. Es ist Abendessenszeit, also sind einige besetzt. Ich sehe einen ergrauten Mann in einem gelb und blau gestreiften Polo und gut gebügelter weißer Hose, der ein Weinglas in der Hand schwenkt. Er schnuppert mit großer Geste daran und vollzieht das Prozedere der Kenner beim ersten Schluck mit, wohl der mediterranen Umgebung geschuldetem, Pomp. Seine Frau, die ebenfalls eine weiße Hose trägt, sitzt teilnahmslos ihm gegenüber.

Ich gehe in einem schlabbrigen T-Shirt aus Hanf, zu weiten Jeans und leicht vom Salzwasser angegriffenen Sandalen an dem Paar vorbei. Ich stelle mir vor, dass ich dieser Mann mit dem Weinglas wäre und seine Frau meine Frau wäre. Ich weiß nicht warum, aber auf einmal schüttelt mich ein Lachanfall, bei dem wohl auch meine Anspannung von inzwischen fast drei Wochen konzentrierter Arbeit von mir abfällt. Dabei berühre ich irrtümlich Lenas Schulter. Es ist unsere erste Berührung seit jenem Tag, als wir uns zur Begrüßung die Hand reichten. Lena bleibt stehen und sieht mich ernst an. „Stört es Sie, wenn ich von jetzt an du zu Ihnen sage?", fragt sie. „Ich finde, das würde unsere Kommunikation erleichtern."

Ich muss gleich noch einmal so herzliche lachen, dass Lena Schwung holt, um mit mir auf unserem weiteren Weg über alle möglichen Dinge Konversation zu machen. Sie erzählt von Nürnberg und dass es ihrer Meinung nach eigentlich kaum Lebensqualität bringt, wenn eine Stadt besonders schöne Weihnachtsmärkte hat. Ich überlege, sie zu heiraten. Sie würde in Konzerten und bei Vorträgen nur klatschen, wenn ich klatsche, denke ich, und das hätte schon etwas. Sie würde immer die nötige Distanz wahren, und sie würde klar sagen, was sie dafür will. Doch ich glaube nicht, dass eine Frau, die so ist, wie es mir vielleicht gefällt, zu mir passen würde.

Als der Ort in den letzten Strahlen der Abendsonne leuchtet, fällt mir mein Traum von Dandy wieder ein. Es war eine skurrile Version eines Titanenkampfes. Ein großer Schwan packte flügelschlagend den Hund. Es sah nicht gut für den unbedarften kleinen Dandy aus. Der Schwan war stärker. Er wirkte in jeder Hinsicht überlegen. Dandy schien den Kampf zudem nicht ernst genug zu nehmen. Da fasste der Hund den Schwan mit dem Maul. Es sah ganz spielerisch aus. Er schwang den Schwan durch die Luft und knallte ihn auf den Boden. Dort blieb der Schwan liegen. Er sah jetzt nur noch wie irgendein toter Vogel aus.

Die Sonne geht unter. In den ersten Minuten danach liegt ein geheimnisvolles blaues Licht über Postira, aus dem das Ziegeldach des Leuchtturms an der Spitze der Landzunge hell und rot herausleuchtet. Lena versucht, das Licht mit ihrer Kamera einzufangen und betrachtet zwischendurch stirnrunzelnd das Display.

Demnächst werde ich die Akte Gier für mich schließen können, denke ich, und sehen, was als Nächstes kommt.

DIE REINIGUNG DES KÖRPERS

Tag 28

„Sie zu ihm: Findest du, dass ich abgenommen habe? Er zu ihr: Keine Ahnung, warum wiegst du dich nicht einfach? Sie zu ihm: ..." Ehe ich die SMS von Robert zu Ende lesen kann, tritt eine blonde Frau an meinen Tisch. „Herr Salomon?" Wir treffen uns in dem Café auf einem Schiff, das am Franz-Josefs-Kai vor Anker liegt, wegen eines Buches. Sie ist Ärztin und will mit einer Kollegin über das Gesundheitswesen schreiben, an dem sie wenig Gutes findet. Es sei hochmütig geworden, meint sie, es würde Patienten nur noch als Mittel zum Zweck betrachten, und der Zweck sei die eigene Macht. Ich bestelle frischen Orangensaft. „Ich hatte im Hotel auch gerade welchen", sagt sie, wie um sich für ihren Cocktail zu entschuldigen. „Frischer Orangensaft ist das Beste. Überhaupt Obst. Obst und Gemüse."

„Mehr braucht der Mensch nicht", sage ich.

Das geht ihr dann doch zu weit, selbst für ein Geplänkel. Ernährung sei nicht ihr Fachgebiet, sagt sie, aber sie hätte noch nie jemanden gesehen, der sich vegan ernähren würde und stark und sportlich sei. „Die Typen sehen alle langweilig aus." Sie lächelt mich an. „An den Veganern ist immer alles ein bisschen schlaff."

„Ich esse nur rohes Obst und Gemüse", sage ich.

Sie zuckt nicht mit der Wimper. „Na gut", sagt sie. „Aber wie lange schon?"

„Zum letzten Mal habe ich vor mehr als zwanzig Jahren Fleisch gegessen", sage ich. Nur rohes Obst und Gemüse esse ich zwar erst seit vier Wochen, aber ich finde, sie hat diese kleine Ungenauigkeit verdient.

„Ich kenne niemanden, der von Kindheit an vegan gegessen hat und stark und gesund ist", sagt sie.

Wir wechseln das Thema, sprechen über das Buch und, als wir handelseins sind, darüber, ob die Kritik am System ihrer Karriere schaden könnte. Sie sieht mir herausfordernd in die Augen. „Irgendjemand muss die Dinge aussprechen", sagt sie. „So, und jetzt hole ich mir noch ein Eis." Sie zeigt durch das Fenster auf einen Eissalon, der in Wien als besonders gut gilt. „Bei dem Wetter ist die Warteschlange bestimmt kurz."

Am Rückweg durch den leichten Nieselregen zum Büro denke ich darüber nach, dass Ernährung einer der wichtigsten veränderbaren Gesundheitsfaktoren ist und dass sich deshalb das Gesundheitswesen intensiv damit befassen müsste. Warum tut es das eigentlich nicht, frage ich mich, trotz der explodierenden Zahlen bei modernen Zivilisationskrankheiten, trotz einer in den USA wieder sinkenden Lebenserwartung, trotz der Studien, denen zufolge in Zukunft jeder Dritte einen Schlaganfall erleiden oder an Demenz erkranken wird, und trotz der wie eine Seuche grassierenden Depressionen? Weil es zu sehr mit sich selbst beschäftigt ist? Warum betrachten selbst mutige Ärzte alles, das nicht in die gängigen Ernährungsnormen passt, als Spinnerei? Weil dann auch sie auf ihren Cocktail in einer chiquen Bar und ihr Eis als Belohnung verzichten müssten und ihnen das wie ein Verlust vorkäme? Weil, wie Veronika meint, eine andere Ernährung Menschen wirklich zu selbstmächtigen Wesen machen würde und die keiner braucht? Eigentlich gut, dass es wenigstens ein paar Ökofreaks gibt, die sich mit Alternativen zum bestehenden Ernährungssystem befassen, denke ich. Die verbreiten ihre zum Teil vielleicht richtige Botschaft manchmal mit den falschen Mitteln, was es leicht macht, sie in die Ecke der Spinner zu stellen, aber wenigstens tun sie etwas. Ich rufe Veronika an. „Was mache ich, wenn ich ein Eis will?", frage ich sie.

„Du zerstampfst tief gefrorene Bananen und streust ein paar tiefgefrorene Himbeeren dazu", sagt sie. „Das klingt einfach, schmeckt aber besser als jedes Eis am Schwedenplatz."

„Ich bin gerade am Schwedenplatz", sage ich.

„Okay", sagt sie. „Können wir später reden?"

Was ich tue, ist eigentlich mehr als ein provokanter Selbstversuch, denke ich, als ich am Stadtpark vorbei zum Schwarzenbergplatz und dann weiter zur Karlskirche fahre. Wenn ich durchhalte, wird sich mein Körper wahrscheinlich gründlich verändern. Ein Versuch kann allerdings immer auch einen Irrtum belegen. Was, wenn mich mein Gefühl täuscht und ich die Spinner einfach nur deshalb ernst zu nehmen beginne, weil ich einer von ihnen geworden bin?

Daheim lese ich Roberts SMS zu Ende: „Sie zu ihm: Findest du, dass ich abgenommen habe? Er zu ihr: Keine Ahnung, warum wiegst du dich nicht einfach? Sie zu ihm: Ach, jetzt habe ich mich schon parfümiert."

„Den kannte ich noch nicht", schreibe ich zurück.

„Das war Andrea", schreibt Robert.

Andrea ist seine Freundin. Vielleicht spinnen in Ernährungsfragen sowieso alle, denke ich, und es kommt gar nicht so sehr darauf an.

Tag 58

Bei uns erschien einmal ein Buch von Hans Adelmann, dem Halbbruder des Milliardärs Frank Stronach, das vom einfachen Leben handelte. Adelmann war Stronach in den 1950er-Jahren aus der österreichischen Steiermark nach Kanada gefolgt, wo Stronach, anfangs als Ein-Mann-Unternehmer, sein später weltmarktführendes Autozulieferunternehmen Magna aufbaute. Doch während Stronach um jeden Preis erfolgreich werden wollte, entdeckte Adelmann die Vorzüge eines einfachen Lebens. Adelmann gab seine Karriere an der Seite Stronachs auf, zog in die Schweiz, und sein Buch handelte davon, wie er die Hundwiler Höhe, einen Berg im Appenzeller Hinterland, mehr als 2.300 Mal bestieg. Als ich ihn einmal fragte, ob ihm dabei nie langweilig geworden sei, meinte er, dass kein Aufstieg wie der andere gewesen sei. Jeder sei ein neues Abenteuer gewesen. Jedes Mal habe er sich vor seinem Aufbruch gefragt, wie es diesmal sein würde.

Ich fahre seit 25 Jahren bei leidlich schönem Wetter an Abenden und an Wochenenden immer wieder die gleiche Strecke mit dem Fahrrad. Sie führt über die Ringstraße, die Praterbrücke und quer durch den Nationalpark Donauauen bis zu einer Donau-Schotterbank auf der Höhe der Ortschaft Schönau. Es sind knapp sechzig Kilometer, die ich wohl auch schon an die tausend Mal zurückgelegt habe, und ich kenne die Strecke inzwischen wie Adelmann die seine so gut, dass auch für mich jede Kleinigkeit, die anders als sonst ist, beträchtliche Bedeutung erlangt. Zwei oder drei Mal habe ich vorzeitig kehrt gemacht, weil ich überarbeitet oder aus anderen Gründen er-

MANGO-AVOCADO-NUDELN

Zutaten: fünf Zucchini, zwei Mangos, zwei Frühlingszwiebel, ein Drittel von einer Avocado, Saft von ein bis zwei Limetten, eine Handvoll frischer Koriander, ein Esslöffel frischer Rosmarin.

Zubereitung: Die Zucchini schälen und mit einem Spiralnudelschneider zu Nudeln schneiden. Die restlichen Zutaten im Mixer cremig pürieren und über die Nudeln gießen.

schöpft war, aber im Prinzip hatte ich nie Bedenken, dass mich die Strecke überfordern könnte. Diesmal schon.

Es ist bereits Mai und ich bin sie in diesem Jahr noch kein einziges Mal gefahren. Zuerst hatte ich viel zu tun, im Barockgarten des Schlosses Belvedere ein paar Runden zu joggen ging schneller, und meine neuen täglichen Radfahrten in der Stadt stillten auch einen Teil meines Bewegungshungers. Außerdem stellte sich mir angesichts von sechzig Kilometern durch den Nationalpark diese Frage, die ich lange verdrängt hatte: Geht das überhaupt noch?

Ich muss jedes Jahr im Frühling erst wieder die nötige Kondition für diese Radtouren aufbauen, weshalb ich die jeweils ersten eher vorsichtig angehe. Heuer kommt meine Ernährungsumstellung dazu. Ich fühle mich zwar gesund, aber die Warnungen, dass ich schwach und krank werden würde, wenn ich nur noch rohes Obst und Gemüse esse, zeigen trotzdem Wirkung. Immerhin ist es mehr als acht Wochen her, seit ich zuletzt etwas anderes als rohes Obst und Gemüse gegessen habe. Ich liege klar über dem Zeitraum, den die Kirche und die Ernährungswissenschaft zur Reinigung von Körper, Geist und Seele empfehlen. Schaffe ich die sechzig Kilometer, von denen die meisten auf Schotterwege und einige auf schwierige Pfade entfallen, überhaupt noch? Die Fahrt wird für mich zu einem Test, und weil Tests immer auch die Option des Durchfallens mit sich bringen, fühle ich mich schon am Morgen zittrig.

Vorsorglich habe ich mir das Buch eines Ausdauersportlers besorgt, der sich nach eigenen Worten roh vegan ernährt. Die einleitenden Sätze sind allerdings nicht sehr ermutigend. „Die Empfehlungen in diesem Buch sind vom Autor sorgfältig geprüft worden", schreibt der Mann. „Das Buch ist jedoch nicht dazu gedacht, medizinischen Rat oder den Arztbesuch zu ersetzen. Jede Leserin und jeder Leser ist für ihr/sein eigenes Handeln selbst verantwortlich. Alle Informationen in diesem Buch erfolgen daher ohne jegliche Gewährleistung oder Garantie des Autors. Eine Haftung des Autors für Personen-, Sach- oder Vermögensschäden ist ausgeschlossen."

Mich in eine Begeisterung für eine neue Ernährungsform hineinzusteigern, um sie herumzuphilosophieren und den Obst- und Gemüse-Apostel zu geben, ist relativ einfach, solange ich bloß den kurzen Weg von meiner Wohnung zum Büro und vom Büro zu einigen Terminen, sowie ab und zu einige Laufrunden und Kraftübungen bewältigen muss, denke ich. Doch diese Radtouren, noch dazu die ersten nach dem Winter, waren schon immer meine Maßstäbe bei der Bewertung meines körperlichen Zustandes, und deshalb kommt es jetzt darauf an.

Ich mache mir zum Frühstück ein Smoothie aus acht Bananen, drei Mangos und zwölf großen frischen Datteln. Ich wundere mich dabei schon lange nicht mehr darüber, dass ein einzelner Mensch im Rahmen einer einzigen Mahlzeit so viel wegkriegt, ohne zu explodieren. Mein Körper hat sich binnen weniger Wochen an diese Art der Energiezufuhr gewöhnt. Mein Bauch bläht sich davon kein bisschen auf, wie er es früher getan hätte. Bananen und Datteln sind inzwischen so etwas wie meine Grundnahrungsmittel geworden. An Tagen, an denen ich keine Bananen und keine Datteln esse, fehlt mir etwas, wie früher, wenn ich kein Brot und keine Nudeln gegessen habe.

Ich arbeite die üblichen Dinge ab, die ich für Sonntage liegen lasse, esse vorsorglich noch drei große süße Mangos und vier weitere Bananen, dann fahre ich los. Auf dem ersten Stück, das über die Ringstraße und durch den Prater führt, vergesse ich wieder, dass es ein Test ist. Es ist angenehm warm. Entlang der Neuen Donau sind viele Radfahrer unterwegs. Es ist kein Tag, an dem sie sich anstrengen. Sie genießen den Frühling und fahren locker dahin. Ich genieße den Frühling ebenfalls und fahre locker an ihnen vorbei. Alles in Ordnung.

Zum ersten Mal überprüfe ich meinen Energiestatus, als ich schon tief im Nationalpark bin. Ich kenne alle Abzweigungen und habe ein Handy dabei, aber ich wüsste nicht, wie ich nach einem Kollaps einem Einsatzfahrzeug meinen Standort beschreiben sollte. Ich horche in mich hinein. Ist da Schwäche? Wenn ich sie gesucht habe, habe ich sie schon immer gefunden.

Mir fällt ein, dass die Rezepte im Buch des angeblich roh veganen Ausdauersportlers Dinge wie Agavendicksaft als Zuckerersatz, Pflanzenöle, Salz und Getreide enthalten, und dass er sich an einer Stelle von Ernährungsphilosophien distanziert, die auch auf derlei verzichten. Ich frage mich, ob er es aus guten medizinischen Gründen tut und wie sich in der Flut sich widersprechender guter medizinischer Gründe die richtigen anders als durch Selbstbeobachtung erkennen lassen.

Ich halte bei einem fünf Meter hohen Aussichtsturm aus Aluminium, der mitten in der Au neben einer kleinen Wehranlage steht. An meiner Jacke kleben kleine Raupen. Ich mag diese sich windenden Raupen nicht, die sich kaum von den Kleidern wischen lassen, ohne zu kleinen Klecksen Raupenbrei zu werden. Mit den Fingerspitzen nehme ich sie ab und werfe sie ins Wasser, wo die Fische sie fressen.

Ich frage mich dabei, ob ich in ein paar Monaten so weit sein werde, dass ich die Raupen zurück zu den Sträuchern trage. Weil gegen das Argument, dass ich mich mit dem Verfüttern der Raupen an die Fische bloß zum Werkzeug des Kreislaufes von Fressen und Gefressen-Werden mache, zu viele philosophische Gründe sprechen. Sonst ist nichts. Es ist noch eine Radtour wie jede andere.

Bei Schönau überquere ich den Wasserschutzdamm und schiebe das Rad bis zur Donau. Dort grabe ich mir mit dem Körper eine Kuhle in den warmen Schotter. Ich kann den Strom fließen hören und den Wind, der in den Ufersträuchern hängt. Wenn die Tragflügelboote von Wien nach Bratislava und zurück vorbeiziehen, kreischen in der Ferne ein paar am Wassersaum spielende Kinder.

Ich frage mich, was in diesem Moment noch besser sein könnte. Die Fliegen könnten weniger nerven, aber sonst? Ich vergesse wieder darauf, dass ich es laut Schulmedizin gar nicht bis

ZUCCHINI-SCHIFFCHEN

Zutaten für den Boden: eine große Zucchini

Zutaten für die Soße: 55 Gramm ungesalzene, getrocknete Tomaten, ein Esslöffel frischer Rosmarin, ein Esslöffel frischer Thymian, vier Basilikum-Blätter, 60 Gramm Erdbeeren, 180 Gramm Tomaten, zwei Frühlingszwiebel, zwei Esslöffel Zitronensaft.

Zutaten für die Garnierung: zwei Esslöffel gehackter Rucola, zwei Esslöffel frischer Thymian.

Zutaten für das Topping: zwei Esslöffel Hanfsamen, zwei Esslöffel Cashewnüsse.

Zubereitung: Die Cashewnüsse fein hacken und mit den Hanfsamen vermischen. Die Zucchini längs in einen Zentimeter dicke Stücke schneiden. Die Zutaten für die Soße im Mixer pürieren. Jeweils ein Zucchinistück mit der Soße bestreichen, mit dem Hanfsamen-Cashew-Gemisch, dem Rucola und dem Thymian belegen.

hierher geschafft haben dürfte. Ich denke nicht mehr daran, wie weit weg ich von daheim bin und dass ich die ganze Strecke auch wieder zurück muss. Ich denke erst daran, als ich wieder aufwache und die schwarzen Wolken sehe, die sich von Westen her nähern.

Auf der Rückfahrt erhöhe ich mein Tempo, wie ich es sonst auf den ersten Touren im Jahr vermeide. Alle anderen Radfahrer sind weg, als wären sie nur Vorspiegelungen der Sonne gewesen, die mit ihr aufgetaucht und wieder verschwunden sind. Bloß ein Reh und ein verwirrter Fasan kreuzen meine Wege. Ich habe Hunger wie schon lange nicht mehr und freue mich auf das Smoothie aus Bananen und süßen Marillen, das ich gleich nach meiner Rückkehr trinken werde. Nichts beschleunigt angeblich die Regeneration nach körperlicher Anstrengung so sehr wie frisches Obst.

In einer Kastanienallee stehen Menschen, die dort in bunten Regenmänteln mit ihren Fahrrädern Schutz vor dem jetzt aus den Wolken brechenden Regen suchen. Die Menschen waren also doch keine Vorspiegelung der Sonne, denke ich. Schade eigentlich, die Vorstellung hatte mir gefallen, auch wenn dann die Frage geblieben wäre, was ich bin.

Als ich die neue Donau erreiche, ist der Regenguss bereits vorüber und ein paar Türken grillen dort schon wieder ihre Rippchen und Hühnerkeulen. Ich habe mein Tempo wieder gedrosselt, obwohl ich es locker weiter durchgehalten hätte. Ich fühle mich besser als sonst, glaube ich. Vielleicht weil ich will, dass es so ist, oder weil ich durch das Radfahren in der Stadt tatsächlich besser trainiert bin.

In der Favoritenstraße zieht ein Jugendlicher in hübschem Radfahrerzeug auf seinem Mountainbike geschmeidig an mir vorbei. Reflexartig überprüfe ich die Indizien, die Hinweise auf seine Leistungsfähigkeit geben können. Er fährt Stollreifen, die auf Asphalt langsamer sein müssten als meine, und seine Ober- und Unterschenkel sehen milchig aus. Eigentlich darf mich der nicht überholen, denke ich, auch wenn er offenbar keine sechzig Kilometer in den Beinen hat, so blütenfrisch wie er aussieht. Aber ich bin jetzt nicht blöd, denke ich. Ich lasse ihn ziehen.

Gleichzeitig nehme ich die Verfolgung auf. Ich hänge mich bloß wegen des Windschattens an ihn dran, denke ich. Da verschaltet der Junge sich und schaut nach unten auf seine Zahnkränze. Ich hole auf der leicht aber zäh ansteigenden Straße das Letzte aus meinen Oberschenkeln. Ich könnte dieses Tempo auf Dauer nie halten, aber der Junge hat keine Chance mehr, mich seinerseits zu überholen. Gleich da vorne muss ich auf den Gehsteig und durch den Gemeindebau hinüber zu der Straße, in der ich wohne.

Ich denke daran, dass der roh vegane Ausdauersportler laut Klappentext seines Buches 31 Kilometer schwimmen und 162 Kilometer laufen kann, Triathlonwettkämpfe über die dreifache Ironman-Distanz bestritt und es im Eisschwimmmen über einen Kilometer bei 2 Grad Wassertemperatur zu einem der weltweit führenden Sportler gebracht hat. Ich frage mich, was der Mann noch alles schaffen würde, wenn er auch noch auf Agavendicksaft, Pflanzenöle und den anderen Schnickschnack verzichten würde. Dann wäre er womöglich ein richtiger Sportgott, der seine Bücher nicht bei *Books on demand* herausbringen müsste.

Als ich an dem Jungen vorbeiziehe, gleich danach mit meinem schweren Tourenrad auf den Gehsteig hopse und halb blind vor Aufregung fast einen Passanten überfahre, wirft mir der Junge unter der Sonnenblende seines Helms einen nachdenklichen Blick zu. Wahrscheinlich denkt er, dass der

Glatzkopf in den viel zu weiten Sachen, der ihn gerade, tief über den Lenker gebeugt, überholt hat, nicht ganz dicht ist.

Glotz nur, mein Junge, denke ich, du hast dich eben von einem locker 35 Jahre älteren Pflanzenfresser überholen lassen. Damit musst du jetzt leben, und wenn du so weiter isst, wie du wahrscheinlich isst, und ich so weiter esse, wie ich jetzt esse, überhole ich dich in dreißig Jahren auch noch.

Tag 59

Es ist Sonntag, der Tag nach meiner ersten langen Radtour nach meiner Ernährungsumstellung, und ich überprüfe weiterhin laufend meinen Energiestatus. Früher war ich an den Tagen nach solchen Touren abgespannt. Ich verbrachte sie gerne bei der Lektüre der Zeitungen oder einiger Manuskripte. Heute hätte ich Lust auf eine weitere Radtour, aber ich bin auch da nicht sicher.

Beim Zeitunglesen wird mir langweilig, und das nächsten Mal denke ich an meinen Energiestatus, als ich mit Dandy durch die Hügel beim Reiterhof wandere. Meine körperliche Regeneration scheint tatsächlich eher besser als bisher zu funktionieren, aber das kann alle möglichen Gründe haben. Es reicht jedenfalls nicht, um es als Wunder hinauszuposaunen. Fix ist, dass ich überlebt habe, und das ist schon einmal etwas.

Tag 80

Auf meinem Weg ins Büro komme ich an der Restaurant-Zeile des Naschmarktes vorbei. Zu Mittag werden die Kellner des dortigen Sushi-Ladens entlang der Tische im Freien stehen und die Passanten zum Bleiben einladen. Vor ein paar Wochen noch haben sie bei meinem Anblick ihre Beschwörungsformeln für einen freundlichen Gruß unterbrochen, weil ich dort gerne mein Mittagessen holte. Mit der Zeit bekam ihr Gruß einen fragenden Unterton. Sie warfen dabei Blicke auf das Obst und Gemüse, das ich vorbeitrug. Irgendwann sahen sie mich an, als hätten sie herausgefunden, dass ich gar nicht der bin, für den sie mich die ganze Zeit hielten, und inzwischen erkennen wir einander gegenseitig kaum noch. Tag achtzig denke ich. Heute habe ich zweimal die Fastenzeit absolviert, und ich lebe nach wie vor. Wäre das ein Grund zu feiern? Ich war nie gut im Feiern, aber ich will Tag 80 wenigstens mit besonderer Aufmerksamkeit würdigen. Ich nehme mir auch vor, nachzurechnen, wie viel ich jeden Tag für Obst und Gemüse ausgebe. Ich habe es bisher vermieden, weil ich weiß, dass ich viel billiger einkaufen könnte, es aber aus Zeitknappheit und magelnder Begeisterung fürs Sparen nie tue.

Unser Verlagsbüro liegt bei den Semper Depots, die dem Kunstbetrieb der Donaumonarchie als Lager- und Produktionsstätte für Theaterdekorationen und -kulissen diente. Jetzt sind sie ein Atelierhaus der Akademie der bildenden Künste. Gleich nebenan befindet sich der Hintereingang des Theaters an der Wien, und im gleichen Gebäude wie der Verlag sind Büros der Wiener Symphoniker und der Wiener Festwochen. Wir haben das kleine Büro im Erdgeschoß gleich links, wo früher der Hausmeister seinen Dienst versah. Mit seinen Treppchen und einer hübsch gearbeiteten Trennwand hat es eine leicht nostalgische Atmosphäre. Dort steht heute als erstes eine Besprechung mit unseren Handelsvertretern an. Meine Aufgabe besteht darin, sie mit guten Argumenten für den Verkauf unserer kommenden Buchprogramme an die Buchhändler auszustatten.

Für meine Bürokollegen sind meine geänderten Essgewohnheiten kein Thema mehr. Manchmal lässt noch einer eine Bemerkung darüber fallen, dass der Mülleimer in unserer Teeküche wegen meiner vielen Bananen- und Mangoschalen öfter voll ist, als die Putzfrau kommt, und dass die Müllsäcke schwerer sind, als sie es bisher waren. Manchmal zeigt mir noch einer von den Praktikanten herausfordernd seine Leberkäsesemmel, doch ich kenne die richtige Reaktion darauf inzwischen: „Sieht lecker aus." Die Praktikanten sehen ihre Leberkäsesemmeln dann überrascht und erleichtert an, weil sie ausgerechnet der von ihrem schlechten Gewissen befreit hat, der es geweckt hatte.

Für die Vertreter ist meine Ernährungsumstellung noch neu, und da mein eigenes Buch darüber zur Diskussion steht, ist das Thema unvermeidlich. Ich präsentiere einen Coverentwurf, der eine Mango auf rotem Hintergrund zeigt. „Mangotag – Essen wie am Ursprung", lautet der Titel.

Die Vertreter mögen Konzept und Titel auf Anhieb nicht. Ich erkläre ihnen, dass meine Form der Ernährung in den USA bereits ein Trend ist, der jetzt nach Europa kommt. In New York und anderen Städten würde es bereits darauf spezialisierte Restaurants geben. „Nur noch rohes Obst und Gemüse zu essen ist das neue Vegetarisch", sage ich.

„Was steht bei diesen Restaurants auf der Speisekarte?“, fragt Gertrude, die für die Buchhandlungen in Westösterreich zuständig ist.

„Spaghetti aus rohen Zucchini zum Beispiel“, sage ich. „Für die Sauce gibt es hundert Möglichkeiten.“

„Ich kenne auch einen, der so isst“, sagt Martin, der die großen Buchhandelsketten betreut. „Er ist ziemlich gesund, aber er sieht scheiße aus.“

Ich spüre, wie Stefan, in der Midlife-Crisis und nicht ganz schlank, das Buch zu seinem sogenannten Weglass-Titel macht. Ein Weglass-Titel ist für den Verlauf eines guten Verkaufsgespräches mit Buchhändlern unerlässlich. „Dieses Buch brauchen Sie nicht zu bestellen“, sagen die Vertreter gerne bei diesem Titel zu den Händlern, um damit Glaubwürdigkeit bei allen anderen zu ernten. Wüssten alle Autoren davon, die Weglass-Titel geschrieben haben, wäre die Selbstmordrate unter ihnen sicher höher. „Mein Standpunkt in der Sache ist klar“, sagt Stefan. „Fleisch ist das neue Gemüse.“

Sicher, verkneife ich mir frustriert zu sagen, und Herzinfarkt ist das neue Gesund.

Zum Mittagessen treffe ich wegen eines Sommerpraktikums Amélie, eine Studentin, deren Mutter bei mir eine Liebesgeschichte veröffentlicht hat. „Wow“, sagt Amélie, als die Kellnerin unser Essen bringt. „Schmeckt dir das?“

Auf meinem Teller liegen ein paar Blätter Eichenlaub-Salat und ein paar in der Mitte durchgeschnittene Cherry-Tomaten, das Ganze ohne Dressing. Die nassen Salatblätter hinterlassen graue Spuren am weißen Porzellan, und die Cherry-Tomaten haben dort, wo sie angewachsen waren, grüne Punkte. Es sind

Glashaustomaten mit angezüchtetem Springball-Effekt und schnittfestem Wasser. Das heißt, sie würden hüpfen, wenn sie auf den Boden fallen würden, und sie kleckern beim Durchschneiden nicht. „Sieht doch lecker aus“, sage ich. „Findest du nicht?“

Ich weiß längst, dass ich in keinem Wiener Restaurant etwas Wohlschmeckendes aus rohem Obst und Gemüse zu essen kriege. Unter dem Strich bliebe Salat, aber es gibt keine Dressings ohne Essig oder zumindest Öl. Deswegen hole ich mir vor Mittagsterminen wie diesem ein paar Früchte. Heute waren es süße Erdbeeren, zwei Mangos und ein paar Bananen. Bei meinen Terminen bestelle ich die trockenen Salate dann nur, weil sich meine Gesprächspartner so beim Essen wohler fühlen. Wenn ich mich nicht davon ernähren muss, finde ich sie inzwischen gar nicht mehr so schrecklich. Zumindest kriege ich sie runter, und ein bisschen zusätzliches Eiweiß ist immer gut.

Amélie zeigt auf ihre *Quiche au Jambon*, eine Schinken-Quiche mit Salat. „Meinst du, das ist gesund?“, fragt sie.

Meine Ernährungsumstellung auf nur noch rohes Obst und Gemüse macht mich für andere meistens zum Freak, aber bei Vier-Augen-Gesprächen manchmal auch zur Anlaufstelle für alle möglichen Ernährungsfragen. Wenn ich in der Mariahilfer Straße, einer beliebten Wiener Einkaufsstraße, Jugendliche sehe, die sich bei einem Imbiss-Stand mit fettigen Nudeln vollstopfen, würde ich ihnen manchmal gerne sagen, dass sie Mist essen. Aber ich versuche, die Rolle des Missionars zu vermeiden. Denn Konsumgewohnheiten lassen sich mit Missionieren schwer ändern. Viele Menschen hören angeblich nicht einmal nach der Diagnose Lungenkrebs zu rauchen auf. Ich vermute, dass beim Essen die Abhängigkeiten noch größer sind. „Wenn dir die Quiche schmeckt, ist sie bestimmt gut für dich", sage ich.

Wie die Praktikanten mit den Leberkäsesemmeln betrachtet auch Amélie ihr Essen mit neuen Augen. „Der Schinken ist auch wichtig", sagt sie. „Schließlich ist der Mensch Fleischfresser."

„Wie kommst du darauf?"

„Er hätte sonst nicht diese Eckzähne", sagt sie. „Das sind Fangzähne."

„Diese Zähne haben wir nur, damit die Tomaten nicht so spritzen, wenn wir hineinbeißen", sage ich.

Amélie findet das nicht besonders witzig. „Jetzt im Ernst", sagt sie.

„Berggorillas haben auch Fangzähne, obwohl sie nur Grünzeug fressen", sage ich. „Sie dienen ihnen für Revierkämpfe."

Amélie ist nicht überzeugt.

„Hunde sind Fleischfresser", sage ich. „Du kannst sie trotzdem mit Gemüselaibchen und Tofu füttern, bloß wäre das auf Dauer nicht gut für sie. Wir Menschen sind Pflanzenfresser, die eine Weile Fleisch essen können, aber gut für uns ist es auf Dauer auch nicht."

Bedächtig isst Amélie ihre Schinken-Quiche. „Wie viel hast du abgenommen?", fragt sie.

„Nach einer Woche waren drei Kilo weg", sage ich. „Einiges davon war wohl überschüssiges Wasser. Salz bindet Wasser im Körper, und wenn du kein Salz mehr isst, gibt dein Körper es frei."

Amélie scheint zu überlegen, ob solche drei Kilo dann echt abgenommene sind. „Könnte ich auch zum Frühstück und zu Mittag nur Obst und Gemüse essen, und am Abend normal?", fragt sie.

„Je mehr Obst und Gemüse du isst, desto besser für dich", sage ich.

„Manchmal will man sich aber doch etwas richtig Gutes tun", sagt Amélie.

Ich erzähle ihr von den richtig guten Mangos, durch die das Messer wie durch Butter gleitet, und dass sich mein Belohnungssystem allmählich darauf umstellt. Ich erzähle ihr, dass ich irgendwann davon zu träumen anfing, an Weihnachten einen Tag lang nichts als diese süßen Früchte zu essen. „Weißt du, was das Beste ist?", sage ich zu Amélie. „Wenn du dich mit einem *Hamburger Royal* mit Käse und großen Pommes Frites oder einem Schokolade-Croissant belohnst, hast du hinterher immer ein schlechtes Gewissen. Sobald sich dein Belohnungssystem auf gute Mangos umgestellt hat, ist der Belohnungseffekt genau der gleiche, bloß denkst du hinterher: Wow, das war jetzt echt gut für mich, vielleicht sollte ich noch so eine Mango essen."

Amélie sieht mich zweifelnd an. „Bist du schon so weit?", fragt sie.

„Manchmal."

„Warum machst du das eigentlich?"

„Um stark, gesund, klar im Kopf und glücklich zu sein", sage ich.

Sie schüttelt den Kopf. „Ich kann mir nicht vorstellen, dass sich jemals viele Menschen so wie du ernähren werden", sagt sie.

Ich werde doch noch zum Missionar. „Was eigentlich seltsam ist", sage ich und bin mir bewusst, dass ich gleich ein paar Dinge als gegeben annehmen werde, die ich erst noch zu Ende erforschen muss. „Alle Menschen wollen sich den Bauch mit wohlschmeckenden Dingen vollschlagen, ohne nachdenken zu müssen, und stark, gesund, klar im Kopf und glücklich sein. Das alles würden sie durch diese Ernährung kriegen."

Am Rückweg ins Büro ruft mich Robert an. Ich gehe gerade an einem Drogeriemarkt vorbei. Die Tür steht offen, und die Sonne fällt auf eins der Lebensmittelregale mit den gesunden Dingen. Gemüsebrühe, knusprige Dinkel-Kringel, abgepackter Fruchtzucker, Reis-Brot, Bio-Cornflakes. Draußen vor der Tür hängt ein Plakat. Ein „Fasten Joghurt" wird 15 Jahre alt, also gibt es 15 Prozent extra.

Wenn mein Versuch funktioniert und Menschen wirklich nichts anderes als rohes Obst und Gemüse brauchen, um stark, gesund, klar im Kopf und glücklich zu sein, dann braucht die Welt dieses Zeug eigentlich genauso wenig wie Leberkäsesemmeln oder Schinken-Quiche, denke ich. All die Fabriken, die Lebensmittel herstellen, und die Labors, die sie entwickeln, braucht dann auch niemand mehr, und niemand braucht dann *Nestlé* oder *Kraft Foods*. „Damit gingen verdammt viele Arbeitsplätze verloren", antwortet Robert, der Wirtschaftsjournalist ist, als ich ihm das sage.

Ich finde, dass, mit etwas Überflüssigem fortzufahren, bloß weil es Umsätze und Arbeitsplätze bringt, wohl kein tragfähiges ökonomisches Konzept sein kann, und dass sich die Wirtschaft dann eben zum Beispiel mit besserem Obst und Gemüse beschäftigen könnte. Die Werbeindustrie könnte für Mangos werben, durch die das Messer wie durch Butter gleitet, und für Tomaten neu entdeckter, uralter Sorten. „Findest du, dass ich langsam zum Ökofreak werde?", frage ich Robert.

Er hat wegen einer hartnäckigen Rheuma-Erkrankung selbst gerade seine Ernährung geändert, zu etwas, das sich „Steinzeitdiät" nennt. Er isst nur Dinge, die Menschen aßen, ehe sie sesshaft wurden und Ackerbau betrieben. Also Fleisch, Fisch und Früchte, die sie im Wald und auf der Wiese fanden, während sie herumzogen, aber kein Getreide und keine Milchprodukte. Angeblich entstanden alle Zivilisationskrankheiten erst nach dieser Phase. „Du siehst nicht wie ein Ökofreak aus, aber das bedeutet nichts", sagt er. „Wie schafft das eigentlich deine Verdauung?"

„Manche Menschen, die sich ernähren wie ich, trocknen ihre Kacke und heizen damit", sage ich. „Manche bauen sogar Hütten daraus."

„Was echt?"

Daheim sehe ich mir die Inhaltsstoffe des „Fasten Joghurts" an. Entrahmte Milch mit Lactobacillus Acidophilus und Bifidobacterium, Wasser, fünf Prozent Erdbeer-, Brombeer- und Heidelbeersaft aus Konzentrat, Fruchtzucker, Guarkermehl, Aspartam, Acesulfam K, Zitronensäure und Natriumcitrat. Das mit der Kacke war zwar ein Scherz, aber dieses Fasten Joghurt, denke ich, ist eigentlich schon Kacke, bevor es jemand verdaut hat. Richtig billig ist es trotzdem nicht.

Ich überschlage meine Ausgaben für Essen. Ich kaufe inzwischen meist in einem Supermarkt mit großer Obst- und Gemüseabteilung bei mir in der Nähe ein. Billig ist der auch nicht, aber dort kriege ich, was ich brauche und spare mir weitere Wege. Ich fülle meinen Einkaufswagen immer fast bis zum Rand mit Obst und Gemüse. Ich kaufe dabei automatisch den ganzen Vorrat an essreifen, noch nicht runzligen Mangos. Das sind meist so sechs bis zwölf Stück. Ebenfalls fast immer fülle ich zwei kleine Flaschen an der großen Orangensaftpresse, weil das die Zubereitung meiner Marinaden erleichtert. Dann nehme ich die Abkürzung am Eingang vorbei zur Kasse, denn im Rest des Marktes gibt es nichts, das ich brauchen könnte. Ich zahle zwischen dreißig und vierzig Euro und kaufe etwa dreimal die Woche ein. Dazu kommen noch Datteln und ab und zu andere Früchte, die ich nach wie vor am Naschmarkt kaufe. Ich schätze, dass ich zwanzig bis dreißig Euro pro Tag für Essen ausgebe. Im Prinzip ist das unverschämt viel, denke ich. Doch ich habe auch vor meiner Ernährungsumstellung eher teuer gegessen, mindestens einmal täglich in einem Restaurant. Jetzt sind Essen wie das mit Amélie für mich eine Ausnahme. In Restaurants verkehre ich höchstens noch zweimal im Monat. Rechne ich das mit, liege ich immerhin unter meinen Ausgaben von früher. Dominik und Veronika, die einmal die Woche morgens zum Großgrünmarkt am Stadtrand fahren und zum Teil bei einem Bio-Großhändler einkaufen, geben je sieben bis zehn Euro pro Tag aus. Sie meinen, dass es auch günstiger ginge.

Heute am Abend experimentiere ich bei meiner Salat-Marinade mit einer kleinen roten Rübe vom Naschmarkt. Sie ist außen unansehnlich und erdig und glänzt innen dunkelrot wie ein Edelstein. Ich war bisher eher Wirkungs-Esser, der Typ Spaghetti aglio e olio plus Salat mit Essig und Öl. Wenn ich kreativ sein wollte, nahm ich das Olivenöl aus der Gourmet-Abteilung des Supermarktes. Wenn Männer, zumal ältere mit Bauchansatz, sich in teuren Restaurants mit wissenden Mienen winzige Mengen seltsamer Speisen auf ihre Teller legen ließen, vermutete ich einen Zusammenhang zwischen bürgerlicher Dekadenz und erektiler Dysfunktion. Doch inzwischen sind meine Geschmacksnerven etwas sensibler geworden. Zumindest fallen mir jetzt, vermutlich durch meine Entwöhnung von

Zucker und Salz, Geschmacksunterschiede auf, die mir bisher entgangen sind. Die blassen Marillen der Supermärkte zum Beispiel schmecken für mich jetzt wie die Plastiktassen, in denen sie kommen. Vor Kurzem schrieb mir Veronika eine SMS über eine Marille von einem Baum am Reiterhof. „Sie ist samtweich und schmeckt nach Marzipan, Orangen, Vanille, Karamell, Sommer und Zimt“, schrieb sie. Ich wusste, was sie meinte.

Jetzt fasziniert es mich, wie das kleine Stück der roten Rübe meinen ganzen Salat rot färbt. Ich kann seine einzelnen Bestandteile kaum noch unterscheiden. Dafür hätte er, nachdem ich ihn mit Brunnenkresse leuchtend grün gesprenkelt und einige weiße Cashew-Nüsse darüber gestreut habe, in jedem Hauben-Restaurant überzeugt, wie ich mit einem gewissen Stolz feststelle. Bloß hätte in einem Hauben-Restaurant meine Portion für mindestens dreißig Gäste gereicht.

Yoona klopft an. Sie ist keine 160 Zentimeter groß und hat mit ihren 26 Jahren eine zierliche Figur wie ein Mädchen. Würde sie den Inhalt meiner Salatschüssel komplett aufessen, würde sie vermutlich explodieren. Immerhin nimmt sie diesmal eine bemerkenswert große Portion davon. Sie isst ihn inzwischen so gerne, dass ich mir angewöhnt habe, mehr zu machen, wenn sie da ist. Erst gestern hat sie gesagt, dass sie zwei Kilo abgenommen hat und sich viel gesünder fühlt, seit sie hier wohnt. Auch darauf bin ich stolz.

Während ich wenig später mit Veronika telefoniere, bedankt sich Yoona noch einmal für den Salat. Veronika hört es und fragt mich, wer bei mir ist. Sie kennt Yoona bisher nur als meine Layouterin, nicht als meine Mitbewohnerin.

„Sie ist derzeit obdachlos“, sage ich.

„Du musst aufpassen", sagt Veronika. „Frauen, die nur noch rohes Obst und Gemüse essen, sind fruchtbarer. Das ist nicht einmal neu. Es steht in vielen modernen Naturheilbüchern für Frauen."

„Wirklich?"

„Für Männer gilt das auch."

Yoona und ich sind neben Arbeitskollegen inzwischen so etwas wie gut harmonierende WG-Mitbewohner geworden. Abgesehen davon habe ich mich gerade noch zu jung für Kinder gefühlt, und jetzt fühle ich mich abwechselnd immer noch zu jung und zu alt dafür. Trotzdem mag ich es, womöglich fruchtbarer als sonst zu sein.

Tag achtzig, denke ich, als Veronika und ich aufgelegt haben. Zweimal Fastenzeit sind gleich vorüber. Alles scheint in Ordnung zu sein, aber bleibt das so? Kann es sein, dass mich die Folgen meines Experimentes schon bald in Form schwerer körperlicher Mangelerscheinungen einholen?

Tag 86

Silvia, die mich bei meiner Ernährungsumstellung mit kritischer Neugierde beobachtet, fragt mich per SMS, was meine wichtigste körperliche Veränderung ist, seit ich nur noch rohes Obst und Gemüse esse. Gute Frage, denke ich. „Fully Raw"-Kristina wüsste, was sie sagen könnte. Sie erzählt in einigen ihrer Videos, dass sie schwere Blutzuckerprobleme hatte, die sich in stundenlanger Migräne, morgendlicher Übelkeit und in chronischer Müdigkeit ausdrückten. Als sie 16 war, diagnostizierten die Ärzte bei ihr Hyperglykämie, die Vorstufe von Diabetes Typ 2. Sie war damals stark untergewichtig und schon so schwach, dass sie kaum noch kurze Spaziergänge machen konnte. Bereits drei Tage nach ihrer Ernährungsumstellung, sagt sie, seien die Migräne und die Übelkeit verschwunden. Innerhalb eines Monats hatte sie keine Blutzuckerschwankungen mehr. Ihre Verstopfung verschwand. Sie habe jetzt ihr Idealgewicht und laufe täglich 14 Kilometer. Sie ist eine von denen, bei denen sich die Augenfarbe geändert hat. Zuerst von einem dunklen Braun zu einem hellen und dann fast zu einem Blau.

Die Literatur bietet einige logische Gründe für die Heilkraft einer nur noch aus rohem Obst und Gemüse bestehenden Ernährung an. Dass der Körper eines sich so ernährenden Menschen weniger Energie für die Verdauung braucht, ist einer davon. Da diese Art der Ernährung keinen Mist in Form von Toxinen, Schwermetallen, Hormonen, Alkohol und überflüssigem Eiweiß hinterlässt, braucht der Körper auch keine Energie für das Aufräumen nach jeder Mahlzeit. Dadurch kann er mehr Energie für seine Heilung einsetzen.

Alle möglichen Krankheiten wie Allergien, Zuckerkrankheit, Herzkrankheiten, Krebs, Gehirntumore, Gebärmuttererkrankungen und Depressionen sind in einigen Fällen angeblich bereits nach einer Ernährungsumstellung auf nur noch rohes Obst und Gemüse verschwunden. Zumindest behaupten das Menschen, die ihre Ernährung umgestellt haben. Zwei moderne Medikamente gegen Brustkrebs, *Tamoxifen* und *Exemestan*, sind fast synthetische Entsprechungen der in Pflanzen natürlich vorkommenden sogenannten Flavonoide. Wenn ich an einem stillen Sonntagmorgen, während Yoona und Lena

DOMINIKS LIEBLINGSSPEISE

Zutaten: ein Kilo geschälte Bananen, eine Handvoll Datteln, zwei Selleriestangen.

Zubereitung: Die Datteln mit Wasser bedeckt ein paar Stunden lang einweichen. Die Bananen mit einem Stampfer grob zerteilen. Die Datteln mit dem Einweichwasser und einer Banane kurz mixen. Eventuell etwas Wasser zugeben. Die Selleriestangen in Scheiben schneiden, mit der Dattelsoße vermengen und über die Bananen gießen.

noch schlafen, ein Mango-Dattel-Smoothie trinke, kommt es mir manchmal vor, als könnte ich den inneren ausgleichenden und heilenden Fluss der Dinge von meinem Gehirn über meine Synapsen und Blutbahnen in alle Muskeln, Knochen und Zellen sogar spüren. Vielleicht ist das nur Einbildung, inspiriert von „Fully Raw"-Kristinas Videos, aber bisher konnte ich mir so etwas nicht einbilden.

Ich hatte keine Krankheiten, die verschwinden konnten, nicht einmal besonders viele Macken. Was soll ich Silvia antworten? Dass ich das Gefühl habe, dass meine Krankheiten und Macken weg wären, wenn ich welche gehabt hätte? Ich fühle mich immun gegen jede Art von Erkältungen und grippalen Infekten, aber ich hatte schon seit meinem Verzicht auf Milch und Milchprodukte keine mehr. Selbst dann nicht, wenn unser ganzes kleines Büro verschnupft war.

Ein paar Beobachtungen, die ich gemacht habe, schildert auch Douglas Graham in seinen Videos. Mein Körper regeneriert tatsächlich schneller. Ich schlafe besser. Ich kann auch mal auf eine oder zwei Mahlzeiten verzichten, ohne dass das ein Problem für mich ist. Meine Verdauung ist besser. Sie ist wie die von Gustav Maler damals in seinem Urlaub: „pipifein". Oder wie es Dominik ausdrückt: Wer nur noch rohes Obst und Gemüse isst, scheißt locker und bunt. Douglas Graham sagt außerdem, dass sein Augensand, ein getrocknetes Augensekret, verschwunden ist, was bei mir nicht der Fall ist.

Ich bin leichter, das ist klar. Ich bin 190 Zentimeter groß und habe schon einmal 92 Kilo gewogen, ohne dass ich etwas anderes als schlank und sportlich gewesen wäre. Jetzt wiege ich 76 Kilo, genauso viel wie mit 19. Eins der Fotos in meinen alten Alben zeigt mich als Jungen in Badehosen am Mittelmeerstrand, und ich weiß jetzt wieder, dass mein Körper noch immer der gleiche wie damals ist. Ich erkenne mich im Spiegel als diesen Jungen wieder. Ich bin schmal, sehnig und habe lange, kräftige Muskeln. Nichts an mir ist schlaff. Alles hat eine Funktion.

Ich habe den Eindruck, dass sich meine Muskeln rascher aufbauen als bisher. Dank meines athletischen Körperbaus haben sich meine Muskeln immer schon rasch aufgebaut, doch jetzt verändern sie sich sichtbar, wenn ich an drei Tagen hintereinander vierzig Liegestütze mache. Ich habe umgekehrt das Gefühl, dass meine Beine dünner werden, wenn ich ein paar Tage nicht mit dem Rad fahre.

Ich habe ständig Lust, meinen Körper im Alltag anzuwenden. Ich habe Lust, Treppen zu Fuß statt mit dem Aufzug zu nehmen, jede Strecke mit dem Fahrrad zurückzulegen, mehrmals am Tag ein paar Liegestütze zu machen, oder im Vorbeigehen einen Klimmzug an einem Türstock. Ich habe manchmal Lust auf Bewegungen, die noch nie oder schon lange nicht mehr zu meinem Repertoire gehörten.

Ich bin glücklich, wenn ich auf einen Tisch steigen und eine Glühbirne tauschen kann. Ich habe manchmal einfach so Lust auf einen Kopfstand, als wünsche sich mein Körper, dass die Schwerkraft zur Abwechslung mal von oben nach unten statt immer nur von unten nach oben drängt und zieht. Ich schließe daraus, dass Lust als Leitprinzip mehr kann, als mich im Supermarkt zu den richtigen Früchten zu führen. Tanz ist wahrscheinlich eine uns Menschen gegebene Methode zur Heilung des Körpers, des Geistes und der Seele, denke ich.

Meine Körperhaltung verbessert sich. Ich war immer leicht vornübergebeugt. Wenn ich mich bisher auf eine bessere Haltung konzentriert habe, verschwand sie mit dem nächsten Gedanken an etwas anderes wieder. Jetzt pendelt sich mein Körper, wenn ich daran denke, in einem Lot ein, das sich wie eine natürliche zweite Version meiner Körperhaltung anfühlt. Meine Muskeln lockern sich, und ich rufe mit dieser Haltung zugleich eine offenere Seite von mir ab. Auch jetzt verschwindet diese Haltung wieder, wenn ich aufhöre, daran zu denken, aber nicht mehr so schnell, und manchmal ist sie wie von selbst da. Kann das mit meiner Ernährungsumstellung zu tun haben? Eigentlich nicht, denke ich, aber mir fällt kein anderer Grund dafür ein.

Ich habe das Gefühl, dass ich älter aussehe. Ja, ich sehe wohl älter aus. Körperlich nur noch aus dem Notwendigen zu bestehen, macht die Falten sichtbarer. Das Notwendige kann ich allerdings selbst beeinflussen. Je mehr Energie ich verbrauche, desto mehr Hunger habe ich. Deshalb hat sich das mit dem Sport und dem Abnehmen ins Gegenteil verkehrt: Je mehr Sport ich betreibe, desto schwerer werde ich. In meinem Fitnesscenter bin ich von Menschen umgeben, die abnehmen wollen. Ich bin eher dort, um zuzunehmen.

Und sonst? Veronika sagt, dass meine Augen klarer geworden sind, doch wir haben beide keine Vergleichswerte, und blau sind sie nach wie vor. Ich glaube, dass ich weniger Muttermale habe, aber ich habe sie nie nachgezählt. Auf jeden Fall sind sie nicht mehr geworden. Ist das eins von diesen Wundern, die „Fully Raw"-Kristina vermarkten würde? Eher nicht.

Zwei trockene Stellen in meinem Gesicht sind verschwunden. Überhaupt fühlt sich meine Haut geschmeidiger an. Meine Augen sind von der Bildschirmarbeit nicht mehr so leicht strapaziert. Ich habe morgens keinen schlechten Atem mehr. Ich rieche überhaupt anders. Soweit ich das beurteilen kann, rieche ich mehr nach Wald als nach Tier und jedenfalls mehr nach Gemüse als nach Obst.

Ich friere nicht mehr so leicht wie früher, aber ich bin nicht sicher, und ich friere auf jeden Fall noch immer leicht. Zwischen meinen Zähnen bildet sich kein Zahnstein mehr, da bin ich sicher. Da sind bestimmt noch ein paar andere Dinge, denke ich, aber sie fallen mir jetzt nicht ein. Oder doch? Ich bin insgesamt glücklicher mit meinem Körper. Er fühlt sich seit einer Weile an wie etwas, das ich in einem Luxusladen gekauft habe. Wenn mir bei gesellschaftlichen Anlässen mein Körper zwischen den Körpern der anderen Menschen bewusst wird, fühle ich mich manchmal privilegiert. Das ist vielleicht Einbildung und wahrscheinlich Hochmut, aber es ist ein gutes Gefühl.

Was soll ich Silvia schreiben? Wahrscheinlich will sie, obwohl sie sehr schlank ist, nur wissen, wie viel ich inzwischen abgenommen habe. Ich könnte Silvia schreiben, dass sie überflüssiges Gewicht erstaunlich schnell und relativ problemlos verlieren würde, dass es ihr aber wahrscheinlich nicht mehr darauf ankäme, wenn sie nur noch rohes Obst und Gemüse essen würde.

Ich sitze noch immer mit dem Handy da, auf dessen Display ihre Frage steht. „Was ist die wichtigste körperliche Veränderung, seit du nur noch rohes Obst und Gemüse isst?“ Ich klicke die SMS unbeantwortet weg.

Tag 88

Etwas in meinem Auto quietscht leise. Es kommt aus dem Interieur und ich wäre es gerne los, bloß ist es die Art von Defekt, bei der Mechaniker eine Runde fahren und dann sagen, dass sie nichts gehört haben. Deshalb spiele ich beim Fahren, wenn sich mein Gehör gerade an diesem Geräusch festgebissen hat, Musik. Sie läuft meistens, ohne dass ich sie richtig wahrnehme. Während ich an diesem Tag vom Reiterhof heimfahre, der zu so etwas wie meinem Freizeitpark geworden ist, läuft ein Unterhaltungssender, und die Musik nervt mich fast genauso wie das Quietschen.

Musikalität war bisher nicht eben meine Stärke. Als ich ein Kind war, lernten bei uns die klugen Kinder Klavier, die mittelklugen Gitarre und die dummen Blockflöte. Ich lernte Triangel, und als mir der Leiter des Kinderorchesters, in dem ich mich versuchte, sagte, dass ich einfach immer bis vier zählen und dann mit dem Stahlstab auf das Dreieck schlagen solle, wusste ich nicht, wie schnell ich zählen sollte. Doch jetzt kommt es mir vor, als hätte sich meine Sensibilität für Musik verändert. Ich schalte auf Ö1 um, den österreichischen Kultursender. Dort läuft ein Klavierkonzert und ich kann mich nicht erinnern, wann mir je Musik so gut gefallen hätte wie diese. Während sich vor mir über der Stadt dunkle Wolken aufbauen, halte ich vor einer alten Scheune am Straßenrand und finde heraus, was es ist. Ludwig van Beethovens Klavierkonzert Nr. 4 in G-Dur, aufgenommen 1997 im Großen Musikvereinssaal in Wien. Simon Rattle dirigierte, Alfred Brendel spielte Klavier. Ich sitze eine Weile im Auto, sehe zu, wie ein Gewitter heranrollt und lausche. Vielleicht gibt es einen Zusammenhang zwischen Ernährung und der Wahrnehmung von Musik, denke ich dabei. Dann könnte die Ernährung bei der Ausbildung junger Musiker womöglich ebenso wichtig wie die musikphilosophischen Erörterungen von Pythagoras, Platon oder Aristoteles sein.

Ehe ich schlafen gehe, fällt mir ein relativ einfacher möglicher Grund für meine neue akustische Sensibilität ein. Könnte es sein, dass ich einfach besser höre? Das wäre dann so eine bemerkenswerte, nachweisliche körperliche Reaktion auf meine Ernährungsumstellung, wie eine sich ändernde Augenfarbe oder verschwindende Muttermale. Eine, die sich hinausposaunen ließe. „Seit ich nur noch rohes Obst und Gemüse esse, hat sich meine Hörleistung verbessert." Das wäre eine Ansage für großes Publikum. Ist das wirklich möglich?

Ich habe nie sehr gut gehört. Besonders am linken Ohr hörte ich eher schlecht, und ich hatte schon immer Probleme, ande-

DOMINIKS LIEBLINGSSPEISE (VARIANTE)

Zutaten: ein Kilo geschälte Bananen, ein großer Bund Brennnessel, eine Handvoll Rosinen.

Zubereitung: Rosinen einige Stunden lang einweichen. Bananen bis auf eine grob zerstampfen. Brennnessel, Rosinen samt Einweichwasser und eine Banane cremig pürieren und über die zerstampften Bananen gießen.

ren zu folgen, wenn der Raum voller Menschen war. Ich schob das auf die häufigen Mittelohrentzündungen, die ich als Kind gehabt hatte. Dazu kam eine Konzentrationsschwäche, die dazu führte, dass ich mein Leben seit meiner Schulzeit mit einem häufigen „Wie bitte?" auf den Lippen verbrachte. Kann es sein, dass sich das verbessert hat?

Ich erinnere mich an das ungewohnte Gefühl bei einer Besprechung im ziemlich vollen Café Sperl, als ich mich mehrmals im Sessel zurücklehnte und trotzdem alle verstand. Ich nahm damals an, ohne mich richtig damit zu befassen, dass es mit der akustischen Situation in dem alten Café zu tun hatte. Doch jetzt fällt mir auch eine Begegnung in der Lobby des Wiener Ritz Carlton ein. Ich traf mit meinem Berater in Filmrechts-Sachen einen Amerikaner, der sich für die Filmrechte an Estibaliz´ Geschichte interessierte. Der Couchtisch war lang und schmal, und der Amerikaner saß weit von mir weg. Ich hätte diesen Platz sonst nie gewählt, aber diesmal dachte ich, dass es schon gehen würde. Es ging tatsächlich, obwohl der Mann keine besonders laute Stimme hatte, zwischen ihm und mir noch ein Verlagspraktikant saß und er eher in die Richtung meines Beraters sprach als in meine.

Mein letzter Hörtest liegt etwa zwei Jahre zurück, doch ich nehme an, dass der Arzt das Ergebnis noch hat. Auch wenn es mir billig vorkommt, möglichen Wundern meiner Ernährungsumstellung hinterherzuspionieren, beschließe ich, diesen Vergleichswert einzuholen.

Tag 97

Ich habe seit einigen Tagen das Bedürfnis, schon um neun Uhr zu Bett zu gehen, was ich sonst frühestens um Mitternacht tue. Geht mir durch meine Ernährungsumstellung nun doch die Energie aus? Ich suche positive Erklärungen für meine Müdigkeit. Mein Körper ist in einem Erholungsmodus wie normalerweise in der zweiten Urlaubswoche, denke ich. Er entspannt sich. Das macht die Belastungen des Alltags zu Störfaktoren.

Gestern wäre ich am liebsten schon um acht schlafen gegangen. Ich sah mir ein Spiel der Bayern an. Sie waren gut drauf, trotzdem fesselten sie mich nicht. Das Spiel kam mir wie Plastikunterhaltung vor. Womöglich hat das auch mit meiner Ernährungsumstellung zu tun, dachte ich. Wenn das so weitergeht, meditiere ich womöglich bald zum Zeitvertreib.

Als ich schlafen ging, fragte ich mich, wie groß der Berg an Obst und Gemüse wäre, den ich in den vergangenen 96 Tagen gegessen habe. Im Halbschlaf hatte ich eine Vision, bei der mein Gesicht aussah wie eins der nur aus Pflanzen und Früchten bestehenden Porträts Giuseppe Arcimboldos, die ich schon immer eklig fand.

Jetzt treffe ich einen Lobbyisten in einem eleganten Café in der Nähe der Albertina. Er hat einen Klienten dabei, der ein Buch über Autos schreiben will. Der Klient, Redakteur einer Autozeitschrift, gerät bei seinem Thema ständig in eine universelle Gesellschaftskritik, die darauf hinausläuft, dass das System lügt. Das Schreckensszenario, dass einmal alle Chinesen Auto fahren würden, sei unrealistisch, sagt er, zwei Menschen würden bei einer Autofahrt die Luft weniger stark mit CO_2 belasten als bei einer Bahnfahrt, und wenn alle Privatpersonen gleichzeitig auf ihr Auto verzichten würden, brächte das nur vier Prozent CO_2-Entlastung.

Ich vermute, dass die meisten Menschen Autofahrer sind, sich aber nicht als Autofahrer fühlen, weshalb es die Zielgruppe Autofahrer am Buchmarkt wohl nicht gibt. Doch ich verstehe den Redakteur. Ich verstehe neuerdings überhaupt alle Menschen, die das Vermeintliche hinterfragen und sich über den Teil des Systems, der sich ihnen erschließt, aufregen. Denn ich finde jetzt auch manchmal, dass es eigentlich ein Witz ist, wenn mich ständig alle Ärzte und Apotheker, denen ich von meiner Ernährungsumstellung erzähle, fragen, wie ich denn da zu Eiweiß käme. Die haben eine der längsten Ausbildungen absolviert, die das moderne Bildungswesen anzubieten hat, denke ich dann, die hätten sich doch irgendwann fragen müssen, wie denn Berggorillas zu ihrem Eiweiß kommen.

Wenn ich daran denke, dass inzwischen schon Jugendliche wegen ihrer schlechten Ernährung an Altersdiabetes leiden und die Nahrungsmittelindustrie all das schlechte Zeug trotzdem weiter verkaufen darf, kann mich das manchmal auch aufregen. Kartoffelchips sind richtiger Betrug, denke ich dann, so weit bin ich inzwischen. Mich regte aber zum Beispiel auch ein Artikel im Wirtschaftsmagazin „enorm“ darüber auf, was die Nahrungsmittelkonzerne sonst noch so tun. Demnach bleichen sie Brot weiß oder färben es braun und sorgen mit künstlichen Aromen dafür, dass es frisch riecht, auch wenn es schon alt ist. Sie setzen Explosivstoffe ein, um Wurst rot zu färben, Hormone, um Obst und Gemüse aufzufrischen, und sie gewinnen Pfirsich- oder Kokosgeschmack aus Schimmelpilzkulturen, Joghurtgeschmack aus Holzspänen und Himbeergeschmack aus Zedern. Sie mischen ihren zuckerfreien Produkten Süßstoffe wie Cyclamat oder Saccharin bei, von denen manche abführend wirken, andere Blähungen erzeugen und einige wegen ihrer appetitanregenden Wirkung in der Schweinemast zum Einsatz kommen. Den Farbstoff „Sunsetgelb FCF“ für Marmeladen, Puddings, Knabbereien oder Senf mischen sie bei, obwohl er die Aktivität und Aufmerksamkeit von Kindern beeinträchtigen kann. Es reicht ihnen, wenn die Dinge wie in diesem Fall durch einen entsprechenden Verpackungsaufdruck rechtlich gedeckt sind.

Anscheinend bin ich beim Wutbürgertum angekommen, denke ich, und nicht nur als Beobachter. Ich finde es zum ersten Mal angenehm, Teil von etwas zu sein, individuell höchstens in meiner Darstellungsweise eines gemeinsamen Themas. Vielleicht mag ich heute dieses Gefühl aber auch nur deshalb, weil ich so verdammt müde bin.

„Er ist ein eigenartiger Typ“, sagt der Lobbyist, als der Redakteur gegangen ist, „aber du bist ja auch eigenartig, so wie du dich jetzt ernährst. Also dachte ich, ich bringe euch zusammen.“

Ich beobachte sein Gesicht, während er spricht. Er ist keiner, der etwas gegen das System hat, zumindest noch nicht. Er kämpft eher darum, als Teil davon wahrgenommen zu werden. Ich kannte ihn schon, als er ein junger Journalist war, und ich finde, dass der Mensch, mit dem ich es damals zu tun hatte, jetzt kaum noch durch das Übermaß an organischer Materie dringt, das ihn umgibt. Ich betrachte die blassgelben Flecken auf seinen etwas hängenden Wangen, die nach zu viel ungesundem Stress und zu viel falschem Essen aussehen. Vielleicht bin ja gar nicht ich ein bisschen eigenartig, denke ich, sondern du bist es. Ich bin heute jedenfalls zu müde, um mich gerne ein bisschen eigenartig zu fühlen.

„Kann es sein, dass du zu viel arbeitest?", sagt Veronika, während ich am Rückweg zum Büro an der Wiener Secession vorbeigehe. Sonst gibt mir das Zitat über deren Portal – „Der Zeit ihre Kunst, der Kunst ihre Freiheit" – immer ein gutes Gefühl, weil es der Kunst und ihren Ansprüchen auf so unaufgeregte Weise ihren gesellschaftlichen Platz zuweist. Doch heute könnte ich mich zu den Studenten, die sich gerade dort versammeln, auf die Stufen setzen und einfach einschlafen. Kann es sein, dass ich zu viel arbeite? „Möglich", sage ich zu Veronika, „aber das ist es nicht."

„Vielleicht kommt es vom Entgiften", sagt sie. „Das bedeutet für den Körper zusätzliche Arbeit. Überprüfe bitte auch, ob du ausreichend mit Vitamin B 12 versorgt bist."

Na toll.

Veronika hat mir bereits kurz nach meiner Ernährungsumstellung mehrere Links zu Gesundheitsseiten geschickt, die sich mit dem Vitamin B 12 befassen. Dort habe ich gelesen, dass dieses Vitamin wichtig für den Aufbau der roten Blutkörperchen und für die Funktion des Nervensystems ist. Zwar leben Menschen, die keine tierischen Produkte zu sich nehmen, demnach auch nach den Maßstäben des klassischen Gesundheitswesens im Vergleich zu Fleischessern länger, erkranken seltener ernsthaft, haben damit auch ein geringeres Risiko für Herz- und Krebserkrankungen und ein niedrigeres Herzinfarkt-Risiko. Doch das Gesundheitswesen stellt bei ihnen besonders oft einen Mangel an Vitamin B 12 fest. Die Folgen dieses Mangels, zu dessen ersten Symptomen Müdigkeit, unklares Denken, Vergesslichkeit, Verhaltensveränderungen und leichte Depression zählen, können unwiderrufliche neurologische Schäden und Herzschäden sein.

Die Hersteller von veganen Lebensmitteln haben darauf reagiert, habe ich weiter gelesen, und reichern zum Beispiel Soja-Drinks, Reis-Drinks und Säfte teilweise mit Vitamin B12 an. Doch davon habe ich nichts. Ich müsste demnach das Vitamin zum Beispiel in Form von Tabletten zu mir nehmen, oder durch damit versetzte Zahnpasta.

Das tue ich aber nicht. Etwa deshalb, weil ich auf einer Seite las, dass in Sachen Vitamin B 12, das der menschliche Organismus auch selbst produzieren kann, noch einige Fragen offen sind. Demnach beforschten Ärzte eine alte vegane Sekte, bei deren Mitgliedern sie zwar einen niedrigen Wert an B 12, aber keinerlei Symptome eines Mangels feststellen konnten. Was zum Beispiel damit zu tun haben könnte, dass B 12 auch in der Erde vorhanden sei und Veganer es etwa über nicht ganz gründlich gewaschenes Obst und Gemüse aufnehmen könnten, hieß es in dem Bericht. Unter dem Strich unternahm ich in Sachen Vitamin B 12 gar nichts, denn die Ökofreaks, die dann auch noch Tabletten nehmen, um sich und ihre Philosophie am Leben zu erhalten, finde ich noch immer gruselig. Vitamin-B-12-Tabletten mögen auch nur Vitamintabletten sein, aber bei der Vorstellung, sie als eine Art lebenserhaltende Maßnahme nehmen zu müssen, fühle ich mich gleich noch schlechter.

„Es kann auch sein, dass du mit Mineralstoffen unterversorgt bist", sagte Veronika. „In Obst und Gemüse, das in konventioneller Landwirtschaft auf ausgelaugtem Boden wächst, fehlen viele. Du könntest zum Beispiel zur Sicherheit jeden Tag einen oder zwei große Löffel Gerstengrassaftpulver in dein Smoothie mischen. Das ist nicht ganz billig, aber voller wertvoller Mineralstoffe."

„Gerstengrassaftpulver?"

„Wenn du erschöpft bist, kannst du ein rohes Ei essen", sagt Veronika. Regelmäßig gegessen seien die schlecht für die Bauchspeicheldrüse, wegen ihrer vielen Nähr- und Mineralstoffe seien sie aber medizinisch einsetzbar. Unter Makrobioten sei das bekannt. „Wenn jemand fasst stirbt, geben sie ihm ein rohes Ei", sagt Veronika.

Fast sterben? Das wird ja immer besser, denke ich. Und dann ein rohes Ei? Ausgerechnet? Wenn ich ein rohes Ei zum Überleben brauche, war es das wohl mit meinem Selbstversuch, finde ich. Ehe ich damit überlebe, gehe ich lieber wieder einmal richtig gut Fisch essen. „Du siehst schlecht aus", sagt Yoona in ihrem gebrochenen Deutsch, als ich im Büro ankomme.

„Wie meinst du das?", frage ich sie.

Yoona fährt mit den Fingern ihr Gesicht entlang, um anzudeuten, dass meines schmal ist.

„Bin ich blass?“, frage ich.

„Ja, blass.“ Sie nickt.

Mir wird klar, dass meine Ernährungsumstellung längst kein Experiment mehr für mich ist und wahrscheinlich nie eines war. Ich habe mich von Anfang an mit der Idee, nur noch rohes Obst und Gemüse zu essen, identifiziert. Ich bin nicht objektiv. Ich will nicht herausfinden, ob es geht, sondern beweisen, dass es geht. Wenn es in Wirklichkeit nicht geht, wird das gefährlich.

Ich schleppe mich zu meinem nächsten Termin ins Café Schwarzenberg. Der Ober sieht mich an, als würde er wissen wollen, ob er die Rettung rufen soll. Noch mehr Orangensaft, denke ich. In Orangen ist mehr Eiweiß als in anderem Obst, und dass sich Eiweiß einfach durch Obst und Gemüse ersetzen lässt, blieb immer ein Punkt, der mir fragwürdig erschien.

Mir gegenüber am Tisch sitzt eine Frau in einem adretten weißen Kostüm, die ich in dem verspiegelten Raum drei Mal um mich sehen kann. Sie hat das Kostüm bestimmt nicht extra für ihren Termin mit einem Verleger angezogen, obwohl dieser Berufsbezeichnung fälschlich ein Mythos von Geld und Macht anhaftet. Ihre Frisur und ihre Maniküre verraten, dass sie immer adrette Kostüme trägt, je nach Wetter und Anlass in verschiedenen Farben. Für heute hat der Wetterbericht Sonne am Nachmittag angesagt. Da passt weiß.

Robert hatte die Idee, ein Buch über falsche Trinkgewohnheiten zu machen. Alle würden über das Essen reden, aber keiner über das Trinken. „Steter Tropfen“, ist sein Arbeitstitel.

Die Frau im weißen Kostüm ist Ernährungswissenschaftlerin, und ich vermute, dass sie ähnlich denkt wie die Ernährungswissenschaftlerin, die ich auf Teneriffa im Fernsehen gesehen habe. Wenn sie so denkt, ist das für mich zwar in Ordnung, aber ich finde nicht, dass etwas, das schon alle wissen und immer weniger glauben, ein Buch ergibt. Ich bin allerdings viel zu erschöpft für ein intelligentes Gespräch. Ich habe das Gefühl, dass ich tatsächlich bald die Rettung brauche und behalte schon einmal den Ober im Auge. Veronika schickt mir eine SMS. „Trinkst du genug Wasser?"

Wasser? Ich denke nach. Ich habe in der Früh wie immer einen Smoothie getrunken, zu Mittag Orangensaft, jetzt wieder Orangensaft. Gestern das Gleiche. Vorgestern auch. „Ich trinke die ganze Zeit irgendwas", schreibe ich ihr.

„Du brauchst trotzdem Wasser", schreibt sie. „Viel Wasser."

Ich kann mich nicht erinnern, wann ich zuletzt Wasser getrunken habe. Ich gehe zur Theke und hole mir ein Glas. Ich merke, dass der Ober einwenden will, dass er es mir gerne an den Tisch gebracht hätte, doch bei meinem Anblick schweigt er und reicht mir ein richtig großes. Ich trinke es noch an Ort und Stelle in einem Zug leer. Das Wasser scheint in mir zu versiegen wie in der Wüste. Mein ganzer Körper blüht auf. „Noch eins, bitte", sage ich.

Ich fühle mich aufgeputschter als damals mit 21, als ich einen Sommer lang in Italien als Barkeeper jobbte und wir nach durchgemachten Nächten doppelte Espressi kurz mit einem kräftigen Schuss Wodka und dem Saft einer ganzen Zitrone tranken. Alle Energie der Welt scheint in meinen Körper zu strömen. Der Ober bringt uns auf einem Silbertablett die Wasserflasche an den Tisch, die ich noch rasch bestellt habe. Die Ernährungswissenschaftlerin trägt jetzt gerade die Werbebotschaften der Kaffeeindustrie vor, die ich aus meiner Zeit als Pressereferent in der Entwicklungspolitik kenne, als es in meinem Berufsleben um fair gehandelten Kaffee ging. „Kaffee in Maßen ist sogar gesund", sagt sie.

„Wie sieht es mit Milch aus?", frage ich. „In letzter Zeit sind einige Bücher erschienen, die den Eindruck erwecken, dass uns die Milchindustrie belügt."

„Ach was", sagt sie. „Ich kenne keine Beweise dafür, dass Milch den Körper verschleimt."

Als ich ihr von der Sache mit meinem chronischen Husten und der Milch und den Milchprodukten erzähle, sieht sie mich an wie ein seltsames Tier, das gründlich seziert gehören würde.

Ich trinke ein drittes Glas Wasser und dann noch eins. „Meine Ernährungsberaterin meint, dass Kaffee und alle anderen aufputschenden Mittel die Hauptursache für Hämorrhoiden sind", sage ich.

Sie betrachtet ihre Melange und rückt ein bisschen auf ihrer Bank herum, als würde sie den Energiestatus ihres Wurzelchakras prüfen. Das Thema passt eindeutig nicht zu ihrem Kostüm.

„Sie halten Vorträge bei Treffen der Fleischindustrie", sage ich.

„Dieses Gerede gegen die Fleisch- und die Milchindustrie, das stimmt doch alles nicht", sagt sie. „Der Mensch ist nun einmal Allesfresser. Ich verstehe nicht, warum das auf einmal ein Problem sein sollte."

„Ist nicht der Darm des Menschen für Fleisch zu lang?", sage ich. „Fault das Fleisch nicht während der Verdauung im Darm?"

Sie scheint in sich hineinzuhorchen, wie um festzustellen, was gerade das Saltimbocca alla romana von „Fratelli" in der Rotenturmstraße – zumindest finde ich, dass dieses Restaurant zu ihr passen würde – in ihrem Darm tut. Gleich darauf habe ich das Bedürfnis, mich bei ihr zu entschuldigen. Als Verleger habe ich eine gewisse Äquidistanz zu allen Themen zu wahren, auch zu meinem eigenen. Ich trinke noch ein Glas Wasser.

Die Ernährungswissenschaftlerin sagt, dass es ihr bei der Ernährung im Grunde immer um Genuss gehe. Es bestehe ein Zusammenhang zwischen Genuss, Lebensfreude und Gesundheit. Ich schenke auch ihr Wasser nach. Sie hat schwarze Haare, eine gut aussehende Frau um die Dreißig, gebildet und kommunikativ. „Gibt es darüber schon Bücher?", frage ich.

Wasser, denke ich, als ich nach dem Termin zurück ins Büro gehe. Meine Müdigkeit ist weg. Wasser ist Energie, denke ich. Wasser bringt den Kick. Das wahre Problem bei unseren Trinkgewohnheiten ist vielleicht, dass die Lebensmittelindustrie diesen Kick kommerzialisiert hat. Sie tut so, als bestünde Frucade aus Früchten, verkauft uns statt Bananen-Dattel-Kokos-Smoothies Industriemüll voll Zucker, und für den Kick, den eigentlich das Wasser bieten würde, hält sie Kaffee, Red Bull und Schoko-Riegel bereit. Damit verdienen sich Menschen, denen vielleicht nicht einmal klar ist, dass sie in einem bösen Spiel die Bösen sind, Privatjets, teure Villen und schwere Limousinen, während andere Hämorrhoiden kriegen. Wer Widerstand leisten will, muss Wasser trinken, denke ich. Trotzdem nehme ich mir vor, bei Gelegenheit einen Vitamin-B-12-Test zu machen.

Tag 95

„Fliegen wir zum Woodstock-Fruit-Festival?", fragt mich Veronika am Telefon, während ich gerade am Steuer sitze.

„Warum?"

„Da kriegen wir jeden Abend ein rohes veganes Abendessen."

„Naja."

„Außerdem triffst du dort schöne Frauen."

„Echt?"

„Leute, die so essen, sind einfach schöner. Auch die Männer."

Meine Reisepläne für den Sommer sehen trotzdem anders aus. Jetzt, zehn Tage vor meiner Abreise zur Insel Brač, fahre ich mit Réka und ihrem kleinen Sohn Philip nach Fonyód am Plattensee, wobei es im Wagen zweimal nach Wurstbrot riecht. Zum ersten Mal, als Philip es isst, und zum zweiten Mal, als uns das Navigationssystem über verwinkelte Nebenstraßen führt und Philip es wieder kotzt. Beide Male macht mir der Geruch keine Lust auf Wurstbrot.

„Du siehst mager aus", sagt Rékas Mutter, eine herzliche Frau, die jedes Jahr im Sommer, wenn sie in dem uralten Haus auf einem Hügel über dem See sein kann, aufblüht.

Rékas Vater steht neben ihr. Er lebt in einer Welt der Kunst. Als er mir den besten Weg von Fonyód zurück nach Wien ohne verwinkelte Nebenstraßen beschreibt, sagt er: „Und dann fahren sie an Nagykanizsa vorbei, sagt Ihnen das etwas? Das ist der Ort, aus dem Arthur Schnitzlers Familie stammt." Er fragt mich, was ich mit meiner Ernährungsweise erreichen will. „Ewige Jugend?", fragt er.

„Weisheit", sage ich.

Er ist ein Mann mit weißen Haaren und brauner Haut, der sein Berufsleben als Experte für Zwölftonmusik bei einer angesehenen Plattenfirma verbracht hat und jetzt für einen amerikanischen Verlag Bücher über Musiker schreibt, deren Namen ich noch nie gehört habe. Er hat den Humor eines Intellektuellen, der alles Pompöse und Oberflächliche verachtet. „Weisheit?", sagt er. „Geht da bei Ihnen noch mehr?"

„Eigentlich nicht", sage ich, „aber ich fände es hochmütig, das einfach hinzunehmen."

„Ich habe auch alles an Weisheit herausgeholt, was drin war", sagt er, und legt seine Hand auf seine Brust.

Er ist um die Siebzig und scheint seine Weisheit tatsächlich nicht verborgen in sich, sondern wie ein Charisma um sich zu tragen. Weshalb es sich immer ein bisschen wie Ehre aber auch ein bisschen anstrengend anfühlt, mit ihm zu sprechen.

Réka und ich wollen zum See. In meiner Dreizimmerwohnung gleich neben dem Sommerhaus, die hier inmitten einer verfallenden Ostblock-Ferien-Romantik acht Euro die Nacht kostet, ziehe ich mir die Badehose an und die Jeans darüber. Unten am See ziehe ich zuerst mein T-Shirt und dann die Jeans wieder aus. Réka sieht mich entsetzt an. „Das ist schrecklich", sagt sie. „Tut mir leid, dass ich das sagen muss, aber das ist wirklich schrecklich."

Ex-Freundinnen neigen offenbar zur Brutalität, wenn ihre Ex-Freunde ihr Leben ändern, denke ich. Doch ich nehme es gelassen. Réka und ihre Schwester behandeln einander mit einer Strenge und Offenheit, die andere Menschen auch als Brutalität empfinden, aber in Wirklichkeit ist es Liebe. Dass Réka mir gegenüber so streng und offen ist, habe ich deshalb schon immer als Vertrauensbeweis betrachtet. Ich sehe an mir herunter. Mein Gewicht hat sich bei 76 Kilo eingependelt. Meine alten Hemden sind jetzt Zelte, als wäre ich nicht nur magerer sondern auch kleiner geworden. Ich betrachte meinen Körper selbst manchmal verwundert im Spiegel. Mit 19, als ich so viel wog wie jetzt, hätte ich nie gedacht, dass ein Mann von 52 Jahren noch so einen Körper haben kann. „Was ist schrecklich?", frage ich Réka.

„Du hast das Gesicht eines Mannes um die Fünfzig und den Körper eines Jugendlichen", sagt sie, „und deine Muskeln sind weniger geworden. Tut mit ehrlich leid, aber das ist nicht sexy."

„Ich fühle mich aber gut", sage ich.

„Das verstehe ich", sagt sie, offenbar wieder um Form bemüht, „aber du hast mir besser gefallen, als du noch du warst."

Ich schwimme im kühlen See. Ich rieche das Wasser und habe das Gefühl, dass ich stundenlang schwimmen könnte, zweimal bis über den Horizont hinaus, wie Réka es hier immer tut. Es stimmt wirklich, denke ich. Ich fühle mich gut.

Réka findet im Wasser einen Schmetterling. Er sieht nicht aus, als würde er je wieder fliegen, doch sie trägt ihn auf einem Finger ans Ufer und setzt ihn auf einen warmen Stein, wo er seine Flügel zum Trocknen ausbreitet. Sie redet dabei weiter über mein Aussehen und verwendet dabei das Wort „eingefallen". Einmal legt sie mir die Hand auf den Arm. „Aber Essstörung hast du keine, oder?", sagt sie.

Dann will sie wissen, wie lange ich das noch machen werde, und ich sage, dass ich im Moment keinen Grund sehe, je wieder damit aufzuhören. Ich könnte höchstens irgendwann einmal genug davon haben, für einen Kurzurlaub wie diesen einen Kofferraum voll Obst und Gemüse samt einem zwei PS starken, gastronomietauglichen Küchengerät mitzunehmen. „Ich weiß gar nicht, ob mein Körper das übliche Zeug noch vertragen würde", sage ich.

„Aber Brot", sagt Réka, „fehlt dir nicht knuspriges, frisches Brot?"

Ich erzähle ihr von Dattel-Bananen-Kokos-Smoothies. Ich bereite mir zwar selten Dattel-Bananen-Kokos-Smoothies zu, aber die meisten Menschen verstehen anhand des Klangs der Worte, dass die wirklich gut sind.

„Kokoswasser trinkst du also", sagt Réka. Das scheint sie ein wenig zu beruhigen.

Am Rückweg zu dem alten Haus auf dem Hügel frage ich mich, ob es jemanden gibt, der Weisheit im Körper eines Teenagers sexy findet. Ich kann es mir nicht richtig vorstellen. Trotzdem möchte ich nicht mit mir, als ich noch ich war, tauschen.

Genau genommen war das kein guter Start in den Badehosensommer, denke ich, nachdem ich meine Wirtin auf die Lautstärke meines Mixers vorbereitet und mich mit einer Schüssel voller Pfirsiche und Bananen auf den Balkon der Ferienwohnung zurückgezogen habe. Vielleicht war das überhaupt das Ende meiner Badehosensommer, denke ich. Vielleicht beginnt jetzt die Art von Weisheit, die in keine Badehose mehr passt.

Tag 240

Ich hatte das Gefühl, dass mich die Ärztin nicht mag, und vermutete, dass es daran lag, dass ich ihre erste Frage auch beim zweiten Mal verneinte. „Bluthochdruck war bei mir wirklich nie ein Thema", sagte ich.

Erst jetzt stellte ich einen Zusammenhang zwischen dieser Frage und den Foldern in ihrem Wartezimmer über zu hohen Blutdruck bei Menschen über fünfzig her. Draußen hatte ich mich irgendwie nicht zu dieser Zielgruppe gezählt, hier drinnen tat ich es schon eher. Ich konnte mir jetzt auch gut vorstellen, dass die Ärztin, eine groß gewachsene Frau mit ausladendem Körperbau und dem fühlbaren Machtanspruch der Schulmedizin, dieses Thema mochte. Zu hoher Blutdruck ist einwandfrei nachweisbar und die ärztlichen Medikamentenverschreibungen und Verhaltensanweisungen sind so oft geübt, dass sie keiner mehr hinterfragt.

Es war ein düsterer Nachmittag. Draußen fiel aus dem dunkel verhangenen Himmel ein Novemberregen. Trotzdem wollte ich so schnell wie möglich wieder hinaus, ehe ich mich mit diesem Virus des Gesundheitswesen infizierte, das die Menschen in weise Ärzte und hilflose Patienten zu teilen schien. Ich hatte tatsächlich das Gefühl, dass mich diese Ordination krank machen könnte.

„Wirklich nicht", sagte ich, als die Ärztin mir mit verschwörerischem Blick die Frage nach dem Bluthochdruck ein drittes Mal stellte. Ich sah ihr dabei in die Augen und war dankbar dafür, dass ich gesund war und nicht dazugehörte. Nicht zu jenen, die da draußen vor einem Tisch mit langweiliger Lektüre darauf warteten, von einem Gesundheitssystem bedient zu werden, das innerhalb vorgegebener Normen alles Menschliche auf die Gnade des vermeintlich Wissenden gegenüber dem vermeintlich Unwissenden zu reduzieren schien. Bluthochdruck? Nehmen Sie *Enalapril, Furosemid, Metroprolol* oder *Verapamil*. Dann haben Sie alles richtig gemacht und können beruhigt daran sterben.

Die Ärztin fragte nicht nach, was genau es für eine Ernährungsumstellung ist, derentwegen ich eine Überweisung zu einem Labor wegen eines umfassenden Blut- und Urintests von ihr wollte. „Da bekommen Sie ja gar kein Eiweiß ab", sagte sie, als ich es ihr trotzdem erklärte. Ich weiß nicht, ob ich in diesem Moment das Gesundheitssystem nicht mochte, weil sie es vertrat, oder ob ich sie nicht mochte, weil sie das Gesundheitssystem vertrat.

Jetzt betrete ich mit dem Kuvert des Labors mein Büro. Wie das Ergebnis aussieht, ist mir eigentlich egal. Meine Blutwerte waren, trotz meiner vergleichsweise schon immer gesunden Ernährung, schon immer schlecht. Zu viel von dem, zu wenig von jenem, und einmal strampelte ich eine Woche nach so einer Auswertung auf einem Hometrainer in einer Arztpraxis, weil einige Werte eine Herzschwäche nahegelegt hatten.

Ein spektakuläres Ergebnis, das sich als Wunder vermarkten ließe, käme mir dennoch gelegen. Ich stelle mir vor, wie ich Martina, eine Ärztin und Psychotherapeutin und eine unserer Autorinnen, anrufe und frage: Wie hoch ist die Wahrscheinlichkeit, dass ein beruflich sehr stark eingesetzter Mann jenseits der Fünfzig Blutwerte hat, die alle, wirklich alle im grünen Bereich sind?

Während ich mir vornehme, die Ergebnisse später in einer ruhigen Minute durchzusehen, reiße ich das Kuvert auf dem

Weg vom Kleiderständer zum Schreibtisch auf und weiß alles, als ich Platz nehme. Ich verstaue das Kuvert samt Inhalt in der untersten Lade des Rollkästchens neben meinem Schreibtisch und denke darüber nach, was das nun eigentlich bedeutet.

Ich rufe Martina an. „Wie hoch ist die Wahrscheinlichkeit, dass ein beruflich sehr stark eingesetzter Mann jenseits der Fünfzig Blutwerte hat, die alle im grünen Bereich sind?", frage ich sie. Ich finde dabei, dass es wesentlich unbefriedigender ist, diese Frage zu stellen, als ich es mir vorgestellt hatte.

„Um wen geht es?", fragt sie. „Um dich?"

„Es ist nur, weil mir alle Welt sagt, dass meine neue Ernährung schlecht für mich ist", sage ich.

Sie lacht. „Freu dich doch einfach."

Soll ich mich freuen? Tatsächlich sind alle Werte normal. Bis auf einen. Zu wenig Vitamin B 12. Ich beschließe, mir am Nachmittag in einer Apotheke Tabletten zu holen. Ich habe meine Meinung darüber ungefähr zu dem Zeitpunkt geändert, als ich zum ersten Mal zur Sicherheit einen gehäuften Esslöffel dunkelgrünes, leicht nach Spinat schmeckendes Gerstengrassaftpulver in einen Smoothie rührte. Das Pulver ist genau wie Vitamin B 12 in Form von Tabletten für mich jetzt kein Mittel mehr, um mir eine in Wirklichkeit unsinnige Ernährung zu ermöglichen, sondern eins, um die Defizite des für mich verfügbaren Obstes und Gemüses gegenüber natürlich angebautem auszugleichen. Die jungen Blätter der Gerstenpflanze, Gerstengras genannt, scheinen dabei ein Zaubermittel zu sein. Gerstengras gilt als eine der Pflanzen mit den meisten Vitaminen, Mineralien, Enzymen und Antioxidantien auf diesem Planeten. Sie ist in Form von Pulver als Nahrungsergänzungsmittel am Markt. Es gibt Gerstengraspulver, das aus der ganzen Pflanze besteht, und Gerstengrassaftpulver, dessen Basis der aus der Pflanze gepresste Saft ist. Das Gerstengraspulver enthält viele Ballaststoffe, im Gerstengrassaftpulver sind die Nährstoffe, auf die es mir ankommt, konzentrierter. Knapp vierzig Euro muss ich für eine 200-Gramm-Dose zahlen, aber das ist es mir wert.

Wie ich meine Blutwerte insgesamt einschätzen soll, weiß ich nicht genau. Sind die jetzt ein Sieg über das Gesundheitswesen?

Tag 252

Der Warteraum des Hals-Nasen-Ohrenarztes ist weitläufig und merkwürdig still. Außer mir scheint heute Abend niemand den Weg in das Haus in der Wiener Innenstadt, durch seinen Hinterhof und über die Stiege 2 hinauf in den ersten Stock gefunden zu haben. Ich habe den Arzt, einen betagten Mann mit angenehmer Stimme, vom letzten Mal in positiver Erinnerung. „Nehmen Sie Platz", sagt er, nachdem er mich in sein ebenfalls weitläufiges Behandlungszimmer gebeten hat.

„Seit meinem letzten Besuch bei Ihnen sind zwei Jahre vergangen ...", sage ich, unschlüssig, ob ich ihm den eigentlichen Grund für meinen neuerlichen Besuch nennen soll.

„... und jetzt haben Sie das Gefühl, dass sich ihre Hörleistung verschlechtert hat", sagt er.

„... und jetzt würde ich gerne wissen, ob sich meine Hörleistung verändert hat", sage ich.

„Dann schauen wir mal", sagt er.

Während er in meine Ohren schaut und darin herumstochert, frage ich ihn, ob es einen Zusammenhang zwischen Hörleistung und Ernährung gibt. Er lacht herzlich. „Das wäre schön, nicht wahr, wenn wir Gesundheit essen könnten", sagt er. Er schüttelt den Kopf. Es gäbe über das Hören unzählige Datenbanken. Das Thema sei wie kaum ein anderes nach allen Richtungen erforscht. Ein Zusammenhang zwischen Hören und Ernährung sei dabei nie festgestellt worden.

Er hält mir einen kleinen Vortrag über richtige Ernährung, dessen Inhalt ich schon kenne: Alles in Maßen, dann ist alles gut. Das Problem sei immer nur zu viel von etwas. „Geht auch zu viel Obst und Gemüse?", frage ich.

Er lacht wieder. „Von einem Teller Obst am Tag haben Sie nichts zu befürchten", sagt er.

Seine Assistentin führt mich an den anscheinend einzigen wirklich engen Platz in der Ordination. Es ist eine Kammer, die mit einem Gerät im Design der Wirtschaftswunderjahre ausgestattet ist. Sie drückt mir einen Kopfhörer in die Hand. Sobald ich einen Ton höre, soll ich auf einen Knopf drücken. Ich gebe mein Bestes und habe ein paar Mal das Gefühl, zu spät zu reagieren. Richtig exakt kommt mir das Testverfahren wie schon beim letzten Mal nicht vor.

„Das war's", sagt die Assistentin nach einigen Tönen, die ich je zur Hälfte links und rechts gehört habe.

Zwei Minuten später kommt der Arzt in die Kammer, wirft einen Blick auf den Bildschirm und schüttelt den Kopf. „Viel schlechter ist es nicht geworden", sagt er. „Da brauchen Sie sich keine Sorgen zu machen."

„Nicht viel schlechter?"

„Alles im normalen Bereich. Bei manchen Obertönen könnte es besser sein, aber es geht."

„Kann es sein, dass ich besser höre als vor zwei Jahren?", frage ich.

Er sieht mich verwundert an.

Ich bleibe auf eine Art auf dem Stuhl sitzen, die bedeutet: Ich will das jetzt erklärt kriegen.

Der Arzt ist bestimmt jenseits der Siebzig und sehr routiniert. Selbst wenn ihn bei seinen Patienten noch etwas überrascht, kommt das wohl nicht mehr richtig bei ihm an. Er öffnet zuerst meine alten Daten, klickt hin und her, dann noch einmal, langsamer. „Da oben ..." – er zeigt auf die Kurve – „da würde sich das tatsächlich abbilden."

Ich sehe ebenfalls, dass die neue Kurve an mehr Stellen im guten Bereich ist als die alte.

„Dann ist ja wie gesagt alles gut", sagt der Arzt mit seiner tiefen Stimme. Er spricht im Plauderton. „Gehen Sie halt nicht zu Rockkonzerten oder machen sonst einen Blödsinn." Anscheinend ist das ein Witz, der sonst Erheiterung bei Männern über 50 auslöst. Ich kapiere zu spät, dass ich lachen hätte sollen. „Flugzeugdüsen sind auch schlecht fürs Gehör", sagt er.

Ich danke ihm, verlasse die Praxis und verirre mich im Hinterhof auf der Suche nach dem Ausgang. Für einen plakativen Beweis ist auch das zu wenig, finde ich. Anscheinend entziehen sich Wunder dem Voyeurismus. Vielleicht ist das auch gut so. Vielleicht gibt es mehr Wunder, als alle denken, und vielleicht gibt es sie nur so lange, solange es nur die Betroffenen merken.

DIE REINIGUNG DES GEISTES UND DER SEELE

Tag 62

Ich komme erst spät am Abend heim und schließe leise die Tür. Yoona ist gewöhnlich länger auf als ich, aber das Vorzimmer ist dunkel und ihre Filzpantoffel stehen nicht da, was bedeuten kann, dass sie in ihrem Zimmer ist und schläft. Ich packe meine neue Errungenschaft für die Küche aus, ein Keimglas, in dem ich künftig mein eigenes Sprossengemüse ziehen kann. Ich bin nicht sicher, ob sich das Ding mit dem grünen Plastikaufsatz in meinem Ernährungsalltag durchsetzen wird. Schließlich können die Mungobohnensprossen aus dem Supermarkt das Gleiche wie selbst gezogene, aber es soll seine Chance haben.

Ich sehe noch die Verkaufszahlen des Tages durch. Die Dinge laufen zufriedenstellend, obwohl ich das Gefühl habe, in Fleiß und Disziplin schon einmal besser gewesen zu sein. Vielleicht ist es einfach Glück, denke ich, vielleicht bringt es aber auch messbare Vorteile, dass ich die Dinge seit meiner Ernährungsumstellung anders angehe, etwas positiver, etwas spielerischer.

Bisher hatte ich das Gefühl, mein Schicksal fleißig und diszipliniert in den Arsch treten zu müssen, bis es Glück und Erfolg für mich auskotzt. Das viel beschworene positive Denken kam mir dabei fragwürdig vor. Ich empfand es als Diktat einer asozialer werdenden Gesellschaft, die ihre Individuen auf sich selbst zurückwirft: Ändere dein Denken, dann ändert sich dein Leben. Tust du es nicht, lass uns bitte in Ruhe, denn dann bist du an deinen Problemen selber schuld.

Jetzt ertappe ich mich manchmal dabei, wie ich die Dinge nicht mehr gleich in gute und schlechte einteile, sondern mich frage, wozu sie gut sind. Ianina, das Schmetterlingskind, hat gegen ihre Krankheit keine Chance, und das ist so verdammt unfair, hätte ich früher gedacht. Jetzt kann ich, wenn ich will, das Leben und den Tod wie Abenteuer empfinden, die so relevant oder so irrelevant wie Träume sind.

Es kommt mir manchmal vor, als befänden sich alle Dinge tatsächlich in jenem ebenfalls viel beschworenen Fluss, auf den wir mit unserem Willen, unserem Denken und unseren Haltungen einwirken können. Vielleicht, denke ich, ist ja ein Zustand der körperlichen, geistigen und seelischen Reinheit die Wurzel allen wahren Zaubers.

Offenbar komme ich allmählich bei den praktischen Effekten der Reinigung des Geistes und der Seele an, denke ich. Mehr als durch die Veränderungen meines Körpers habe ich dadurch das Gefühl, mich zu verändern. Manchmal ist es, als würde ich zu einem ganz anderen Menschen, zu keinem objektiv besseren, aber zu einem mir subjektiv lieberen. Ich kann mir sogar vorstellen, dass dieser Mensch eine andere Augenfarbe hat. Schließlich schreibt er auch anders – zumindest bilde ich mir ein, meine Handschrift besser als früher lesen zu können – und er hat diesen anderen Körper. Während meiner abendlichen Kraft- und Gymnastikübungen sehe ich mich manchmal mit aktivierten Muskeln im goldgerahmten Vorzimmerspiegel vorbeigehen und denke: Kennen wir uns?

Kann es wirklich sein, dass meine Art zu denken von meiner Art zu essen abhängt? Gibt es so etwas wie einen neurochemischen Unterbau unter meinem Bewusstsein und Unterbewusstsein, den ich verändern kann, indem ich die Dinge verändere, die ich zu mir nehme? Lösen sich falsche Denkmuster vielleicht mit all den Giften, Schlacken und Ablagerungen auf, die eine falsche Ernährung hinterlassen? Yoona kommt in die Küche. Sie hat nicht geschlafen, sondern sie lernt seit Kurzem mit Lehrern, die in anderen Teilen der Welt vor ihren Computern sitzen, für sieben bis zehn Euro pro Einheit Englisch und Deutsch und hatte gerade eine Stunde. Sie betrachtet das neue Keimglas und dann mich. „Warum siehst du so glücklich aus?", sagt sie. „Did you fall in love?"

Tag 69

Ich laufe in der Dämmerung durch die menschenleere Landschaft beim Reiterhof. Dandy jagt die Rehe von den Feldern. Weiter oben legt er mir Kiefernzapfen vor die Füße, die ich aus dem Lauf wie Fußbälle wegschieße, damit er danach springen kann. Bei einem Holzkreuz auf einem Hügel ziehe ich eine Kurve und laufe durch das letzte Licht langsam wieder nach unten. In der Luft liegt der Duft des Frühsommers und durch die ungewohnte Leichtigkeit meines Körpers, die Endorphine und den flach abfallenden Pfad fühle ich mich, als würde ich schweben. Ich singe ein Stück aus einem Rock-Musical der Siebzigerjahre, dessen Text ich einmal auswendig gelernt habe, weil mir die Melodie ständig in den Sinn kam. Vielleicht, denke ich, komme ich auf meinem Weg zurück zum Ursprung des Lebens gerade in den Siebzigern vorbei.

69 Tage sind so gut wie um, und sie sind rasch vergangen. Das Traumhafte, das in der Schnelligkeit der Szenenwechsel der vergangenen Monate liegt, scheint die bewährte Wohlfühl-Erkenntnis zu bestätigen, dass ein Mensch kein körperliches

Wesen ist, das geistige Erfahrungen macht, sondern ein geistiges Wesen, das körperliche Erfahrungen macht. Ich habe das Gefühl, einfach abheben und weiterfliegen zu können. Doch etwas stört meine abendliche Lauf-Idylle. Zwischendurch ziehen Fäden eines scharfen Geruches von unten herauf. Er kommt von einem Schweinestall, in dem ein paar hundert Tiere eingepfercht sind. Dunkel hebt er sich von der Umgebung ab, aus der jetzt nur noch ein paar Blüten leuchten.

Ich weiß, wie es in so einem Stall ist, seit ich als Ghostwriter für ein Recherche-Team eines Tierschutzvereins ein Buch über das Gesundheitsrisiko Schweinefleisch geschrieben habe. Von den vielen, damals einigermaßen neuen Informationen über den massenhaften präventiven Einsatz von Antibiotika in der Schweinezucht und all das andere Grauen, blieb mir das Schicksal der kleinen Eber in Erinnerung. Die Züchter brechen ihnen gleich nach ihrer Geburt die Eckzähnchen, damit sie sich auf dem viel zu engen Raum, der ihnen in ihrem viel zu kurzen Leben zur Verfügung steht, nicht gegenseitig verletzen. Für die kleinen Eber, die als besonders soziale und neugierige Wesen zur Welt kommen, ist das der Beginn der Hölle auf Erden.

Damals war das Buch für mich trotz allem ein Text von vielen, doch während mir jetzt dieser scharfe Geruch in die Nase zieht, verstehe ich die Tierschützer erst so richtig, die mit allen Mitteln gegen die für diese Qual verantwortlichen Züchter kämpfen. Am Fuß des Hügels laufe ich ein Stück auf den Stall zu. Das Gefühl des Schwebens ist weg. Ich habe keine Lust mehr. Ich drehe um und laufe zurück zum Reiterhof. Ich frage mich dabei, warum wir als Gesellschaft dieses Tierleid noch immer in Kauf nehmen.

Ich denke daran, dass Fett, Salz und Zucker träge und unklar im Kopf machen. Ein Effekt, der mir bisher eher nebensächlich erschien. Doch stimmt es, dass die Ernährung das Denken verändert, überlege ich jetzt, sind noch schlimmer als die gesundheitlichen Folgen eines falschen Ernährungssystems vielleicht die geistigen. Bei der Ernährung der sogenannten zivilisierten Welt wäre damit womöglich wirklich, wie Veronika einmal gemeint hat, ein Verblödungsmechanismus im Paket, der uns Menschen daran hindert, unser volles Potenzial zu entwickeln und durch den wir blinde Flecken für das Grauen entwickeln, das unsere Zivilisation verursacht.

Während ich das letzte Stück zum Reiterhof nur noch gehe und mich Dandy als hell schimmernder Fleck in der Nacht umkreist, stelle ich mir vor, wie es wäre, wenn es tatsächlich System hätte, dass jemand oder etwas uns durch eine bestimmte industrielle Form der Ernährung manipuliert und klein hält. Ich bin mir dabei nicht ganz sicher, ob die Welt diesen Thriller nicht gerade wirklich erlebt.

Als ich durch den kleinen Vorgarten zum Haus gehe, vorbei an einem Pferdekopf aus Stroh, der dort wie ein rituelles Objekt hängt, frage ich mich, ob die unerreichten Werke der Literatur, der Architektur oder der Musik vielleicht alle deshalb schon vor so langer Zeit entstanden, weil es damals noch keine industrielle Nahrung gab. Das mag nach Polemik klingen, denke ich, aber wenn etwas dran wäre, müsste alle Wut eigentlich den Schweineställen gelten.

Unter der Dusche frage ich mich, wie Miriam diese Überlegungen beurteilen würde. Auf jeden Fall würde sie das Wort „ideologisch“ verwenden und wahrscheinlich das Wort „radikal". Ich muss lachen, als ich mir das Gespräch mit ihr vorstelle, weil ich sie mag. Vielleicht sehe ich diese Dinge ja schon morgen wieder so locker wie früher, denke ich, aber ich glaube nicht.

Tag 83

Mir fällt auf, dass Yoona nun schon einige Monate bei mir wohnt, ohne dass ihr Auszug je ein Thema gewesen wäre. Das ist in Ordnung für mich, obwohl ich dadurch über weniger Möbel als früher verfüge. Als Yoona einzog, richtete ich für sie, vermeintlich provisorisch, ein leer stehendes Zimmer mit einigen meiner eigenen Möbel ein. Mir blieben danach ein Schrank für meine Kleider und für ein paar Bücher, ein Schreibtisch mit einem Stuhl und ein halbes Bett, dessen rechten Lattenrost ich ebenfalls Yoona überließ.

Ich achtete, der einfacheren Verwaltung meines Haushaltes wegen, schon immer darauf, möglichst wenig unnötigen Kram anzusammeln, doch als mir von meiner Wohnung nicht viel mehr als ein WG-Zimmer blieb, sortierte ich allmählich endgültig alles Überflüssige aus. Ich besitze jetzt so wenige Gegenstände, dass ich, wenn ich auf der Fahrt in den Urlaub nichts vergessen wollte, einfach alle einpacken könnte. Wie wenig das ist, fällt mir immer auf, wenn ich etwas suche und feststelle, dass ich keine drei Minuten brauche, um alles durchzusehen. Als gäbe es einen Zusammenhang zwischen dem Überflüssigen in meiner Ernährung und dem Überflüssigen in meinem Hausrat, reduzierte ich ihn, ohne mir dessen richtig bewusst zu sein.

BANANEN-BEEREN-EISCREME

Zutaten: sieben bis neun in Stücke geschnittene und eingefrorene Bananen, 100 Gramm Erdbeeren, 100 Gramm Himbeeren, eine Prise Zimt, eine Prise Vanillepulver.

Zubereitung: Die Bananen über Nacht einfrieren. Noch gefroren mit dem Vanillepulver und dem Zimt in einem High-Speed-Mixer oder einem Foodprocessor ein bis zwei Minuten lang zu Eiscreme verarbeiten. Die Eiscreme in eine Schüssel geben und die Beeren zu einer Soße mixen. Die Beerensoße unter das Bananeneis heben und das Ganze mit weiteren Beeren garnieren.

Ich vermeide es inzwischen bewusst, Gegenstände nach Hause zu tragen, die ich nicht essen oder sonst irgendwie verbrauchen werde. Ich verstehe nicht mehr richtig, warum ich Gegenstände, die für mich nicht im regelmäßigen Gebrauch ihren Zweck erfüllen, besitzen sollte. Sie würden mich stören, denn sie verbessern meine Lebensqualität nicht, sie verschlechtern sie. Bekanntlich hängen die Dinge, an denen wir hängen, auch an uns. Wir müssen sie aufräumen, reinigen, reparieren und ersetzen, weshalb mir überflüssiger Besitz, besonders in einer sich unaufhaltsam beschleunigenden Welt, auch wie unnötige Zeitverschwendung erscheint.

Im Prinzip ist überflüssiger Besitz ein viel begangener Irrweg bei der Suche nach Halt und Sicherheit, denke ich. Die Vorstellung, dass Dinge Halt geben können und Besitz verwurzelt, erscheint mir falsch. Das Gefühl, in Sicherheit zu sein, verstärkt sich ab dem Punkt, ab dem ein Mensch das für ihn Notwendige hat, wohl nicht mehr durch noch mehr Besitz, sondern eher durch seine Beziehungen, und wer diese Kurve nicht kriegt, hat ein anderes Problem als ein materielles. Seit ich nur noch so viel habe, wie ich brauche, fühle ich mich jedenfalls in jeder Hinsicht mobiler und damit bereiter für die Zukunft und die Gegenwart, für die Evolution und den Moment, für das Leben und für den Tod.

Ich würde jetzt auch kein „Pro" mehr sondern nur noch ein „Kontra" zu der Frage schreiben, ob der Kapitalismus ein gutes System ist. Ich würde schreiben, dass er ein auf dem falschen Prinzip des Besitzes aufbauendes System ist, ein Lebenszeitverschwendungssystem, das noch dazu immer weniger den lange im Paket gewesenen Illusionen von Wohlstand und Chancen für alle gerecht wird. Denn es ist zuletzt immer klarer geworden, dass der Kapitalismus allen Besitz allmählich auf Wenige konzentriert, während er vielen sogar das Notwendige nimmt. Der Kapitalismus bringt als wirtschaftlicher Motor der Entwicklung die Menschheit voran? Wohl kaum. Der Kapitalismus beutet als System der Reichen die Armen aus? Schon eher.

Ich frage mich, wie es wäre, wenn die Welt Besitz neu bewerten und einfach jetzt gleich mit dem Kapitalismus aufhören würde, indem jeder Mensch statt seinen materiellen nur noch seinen ureigentlichen ideellen Zielen folgt. Es würde uns Menschen auf jeden Fall mehr zueinander führen, denke ich, und ich habe das Gefühl, dass die Welt schon alleine dadurch eine bessere wäre. Dabei gefällt mir der Gedanke, dass nur noch rohes Obst und Gemüse zu essen auch eine Ansage für die Befreiung des Menschen vom Hamsterrad des Besitzes ist. Miriam würde bestimmt das Wort „Marxist" verwenden, aber für mich fühlt es sich gut an. Das Vordringen zu meinen eigenen Überzeugungen, das anscheinend irgendwie mit meiner Ernährungsumstellung einhergeht, hat etwas von Ankommen.

Tag 78

Veronika hat einen Link gepostet. Sie fand heraus, dass ein bestimmtes Set Bambus-Besteck, bestehend aus Messer, Gabel, Löffel und Essstäbchen, bei einem Online-Händler mehr als siebzig Euro und bei einem anderen weniger als zehn Euro kostet. Bambusbesteck ist besser für den Körper als Besteck aus Metall, schreibt sie. Die Bambusgabel sieht allerdings nicht aus, als ließe sich damit ein Stück Stangensellerie aufspießen, mit dem Messer möchte ich keine Mango schälen müssen und mit dem Löffel keine größere Portion Erdbeer-Bananencreme essen. Essstäbchen haben meine Feinmotorik immer schon leicht überfordert, und außerdem: Bambus-Besteck?

Vor Kurzem noch hätte ich Veronika als Ökofreak bezeichnet. Doch wie eine weitere Nebenwirkung meiner Ernährungsumstellung auf nur noch rohes Obst und Gemüse ist meine Sensibilität für die Welt in mir und um mich gestiegen, wobei meine Ökofreak-Grenze sich allmählich verschoben hat. Ich habe zum Beispiel meine alten Körperpflegeartikel entsorgt, als mir Veronika erklärte, dass ich an meine Haut nur lassen solle, was ich auch essen würde. Meine Zahnpasta enthält kein Glycerin und keine Fluoride oder künstliche Farb- und Aromastoffe mehr. Sie schmeckt nach Lehm mit Pfefferminze, aber ich kann mich nicht mehr richtig erinnern, wie andere Zahnpasta schmeckt. Mein aus England importierter Deostift war früher einmal ein Haufen Kokosnüsse. Auch Kleidung bevorzuge ich in der Bio-Version. Mir gefällt die Vorstellung, sie einmal an den Kreislauf von Werden und Vergehen so zurückgeben zu können, dass sie dabei kaum chemische Spuren hinterlassen.

Ich bin mit dem Bewusstsein aufgewachsen, dass die Dinge, die wir Menschen tun, eher schlecht für den Planeten sind. Je mehr ich über den Lauf der Welt erfuhr, desto mehr festigte sich dieses Bewusstsein. Der Planet braucht uns nicht, dachte ich. Es gibt nichts, das wir ihm Gutes geben könnten, das er nicht ohnedies von Natur aus hätte. Selbst die Aufgabe, Früchte zu essen und die Samen irgendwo hinzuscheißen, wie Douglas Graham das sieht, hat sich seit der Erfindung der Kanalisationssysteme und der Agrarindustrie erübrigt.

Deshalb habe ich bisher vermutet, dass es wohl nur um Schadensbegrenzung gehen kann, indem wir Menschen als Spezies so wenig wie möglich expandieren und uns als Individuen so gut wie möglich zurücknehmen. Dass ich das genauso inkonsequent gelebt habe wie der Großteil der Spezies, ordnete ich unter *shit happens* ein. Doch jetzt erscheint es mir, dass wir Menschen uns mit dem Planeten auch verbinden können und dass unsere Existenz dann vielleicht doch einen Sinn hat, der über das Scheißen von Samen und die Schaffung größtmöglichen Komforts für uns selbst hinausginge.

Sicherheitshalber und weil sie sich gut anfühlen, trage ich jetzt jedenfalls schon manchmal Hemden, Hosen und T-Shirts zum Beispiel aus biologisch angebauter Baumwolle oder ebensolchem Hanf. Deren Schnitte und Passform erinnern teilweise zwar eher an Vormenschen als an Männermode, und sie leiden an technischen Mängeln wie ständig abreißenden Knöpfen und aufgehenden Nähten, trotzdem nehme ich sie immer als erste aus meinem Schrank, wenn sie dort gewaschen und gebügelt liegen.

Damals noch als eine Art selbstironisches Statement habe ich mir sogar ein Paar Birkenstock-Sandalen gekauft, weil die fast in jedem unverlangt an uns eingesandten Manuskript zur Eingrenzung des, dann immer peinlichen, Charakters „Öko-freak" dienen. Sie kamen in dezentem Dunkelblau, und obwohl ich dabei selbst das Gefühl hatte, ideologische Grenzen zu überschreiten, fand ich, dass sie auch einige Vorteile haben. Sie tragen sich zum Beispiel bequem. Bloß für den Strand, für mich das Sandalen-Haupteinsatzgebiet, ist mein Modell wegen seiner Wasserempfindlichkeit ungeeignet.

Aber Bambus-Besteck das dann auch noch unpraktisch ist? Es gibt Dinge, die im Hinblick auf meine Verbindung mit dem Planeten vorerst weiterhin unter *shit happens* fallen, und dazu gehört nicht bloß Besteck aus Metall. Jetzt gerade drängt sich mir die Frage auf, ob ich mein Auto wirklich brauche.

Nicht das auch noch, denke ich. Autos sind Unabhängigkeit, zumindest für Menschen, die nicht unverhältnismäßig viel dafür ausgeben. Ein Gegenstand mit einem Motor und Rädern, der mich bequem und rasch von einem Ort zum anderen bringt, ist doch eine gute Sache. Oder nicht? Mal sehen, denke ich. Ich bleibe lieber offen für Veränderungen, sonst verfehlt mein Experiment sein Ziel. Wenn ich konsequent bleibe, finde ich vielleicht ja auch noch heraus, worin der Sinn des Lebens eines mit dem Planeten verbundenen Menschen besteht.

Tag 81

Wenn nicht gerade die Bauern mit ihren Traktoren unterwegs sind oder Elektrozäune gegen das Wild ziehen, ist in den Hügeln um den Reiterhof selten ein Mensch zu sehen. Die Reiter bleiben auf ihren festgelegten Strecken. Manchmal fallen Schüsse und irgendwo steht dann mitten in der Landschaft das Auto eines Jägers, aber die Jäger selbst bleiben unsichtbar. Im vergangenen Winter kamen Männer in Landrovern mit osteuropäischen Kennzeichen, die auf der Suche nach Erdöl die Wälder mit Kabeln durchzogen, aber sie verschwanden wieder. Manchmal hängen Männer in den wilden Nussbäumen, weil Walnüsse gutes Geld bringen, doch die kommen nur im Herbst. Dort, wo ich mit Dandy, oder, wie heute, mit Veronika und Dandy spazieren gehe, ist meistens sonst niemand.

Veronika wählt wie immer andere Wege durch die Hügel als ich. Sie führen verschlungen mitten durch dichte Waldstücke. Obwohl die Größe des Gebietes überschaubar ist, würde ich von dort, wo sie mich hinführt, den Rückweg manchmal nicht finden. Sie folgt Pfaden und Hohlwegen, nimmt Abzweigungen und überquert Wiesen mit schlafwandlerischer Sicherheit. Sie hat hier ihre Kindheit verbracht.

Sobald ich heute die Orientierung verloren habe, fühle ich mich, als wäre ich mitten in das Herz eines ausgedehnten Forstes vorgedrungen, in dem ich mir ein Baumhaus errichten, meine Lebensmittel anbauen und Tiere als Freunde zähmen könnte, ohne je wieder mit der Zivilisation in Berührung zu kommen. Es hat ein wenig geregnet und der Wald fühlt sich wie ein lebendes, kraftstrotzendes Wesen an, das mit dem letzten Rest des Frühlings Schwung holt, um sich im Sommer zu seiner ganzen Tiefe zu entfalten.

Mir ist schon in den vergangenen Wochen aufgefallen, dass meine Naturerlebnisse intensiver geworden sind, was auch eine Folge meines derzeit ziemlich dichten Terminplanes sein könnte. Weil ich mehr zu tun habe, komme ich seltener raus, weshalb die wenigen Male besonders stark auf mich wirken. „Es kommt mir vor, als würde der Wald mit mir sprechen", sage ich, halb motiviert von Clemens' Idee für einen Öko-Thriller rund um eine Naturgottheit, zu Veronika.

„Was sagt er?", fragt sie.

„Er sagt so etwas Ähnliches wie: Wir kennen dich. Du kommst von uns und wirst wieder zu uns zurückkehren."

Ich denke an eine Kräuterspezialistin, die an einem oberösterreichischen Zentrum für Traditionelle Europäische Medizin arbeitet, und die ich dafür gewonnen habe, ihre Geschichte und ihre Entdeckung der Pflanzen und deren Kräfte in einem Buch zu erzählen. Alles fing für sie damit an, dass sie als Filialleiterin einer Bäckereikette eine starke Zuckerallergie entwickelte und von da an jede Form von Zucker in ihrer Ernährung vermied. Das führte sie zu einer neuen Sensibilität und einem neuen Gefühl der Verbundenheit mit der Natur, sagte sie mir. Pflanzen hätten danach begonnen, ihr Dinge zu erzählen. Wofür sie da seien, was sie Menschen geben könnten, aber auch etwas von ihrer eigenen Geschichte. Ich fand das sogar ganz logisch, was wohl auch an der Selbstverständlichkeit lag, mit der sie darüber redete.

Der Boden unter meinen Füßen ist weich, und wenn ich will, kann ich mir vorstellen, dass der ganze Wald weich ist, ein weicher, schwingender, kommunizierender Organismus, rätselhaft und dabei unmittelbar, als könne er Empfindungen haben, gute und schlechte, Freude und Schmerz, Dankbarkeit und Zorn. Eine Vorstellung, die ich bis vor Kurzem bestimmt noch als Symptom einer leichten Hysterie eingestuft hätte. „Wenn du nur noch rohes Obst und Gemüse isst, gleicht sich die Schwingung deines Körpers der höheren Schwingung der Natur an", sagt Veronika, als ich ihr vorsichtig davon erzähle. „Das verbindet."

Das klingt, wenn ich ihrer Denkart folge, schlüssig, allerdings war „Schwingungen" für mich immer eins der Signalworte, mit denen sich Menschen als Esoteriker ausweisen, und Esoterik ist mir weiterhin zu diffus, als dass ich die Welt oder mich selbst gerne darüber definieren würde. Ich halte mich da lieber an Tony Wright und Graham Gynn. Die liefern in ihrem Buch „Return to the brain of Eden" auch eine These, die mein verändertes Naturerleben erklären würde und die auf neurochemischen Zusammenhängen beruht.

Die beiden legen dar, dass eine nur noch aus rohem Obst und Gemüse bestehende Ernährung die Steroide im menschlichen Körper reduziert und damit die Persönlichkeit eines Menschen und seine Wahrnehmungen verändert. Unter dem Einfluss von zu viel Steroiden, deren Produktion durch einen Mangel an pflanzlicher Nahrung ungehemmt stattfindet und die durch fleischliche Nahrung und Milchprodukte zusätzlich in den Körper gelangen, setzt sich die linke Gehirnhälfte gegenüber der rechten stärker durch, schreiben die beiden. Das führt unter anderem zur Betonung des Egos, zu Einzelgängertum, Aggression und Kontrollwahn. Funktionieren beide Gehirnhälften im idealen Gleichgewicht, wäre neben Kreativität und Empathie das Bewusstsein, verbunden zu sein mit der Welt, den Menschen, der Natur sowie mit einem größeren Ganzen stärker ausgeprägt.

Wright und Gynn glauben, dass zu viele Steroide das ursprüngliche „Brain of Eden" seit 150.000 Jahren degenerieren, was wohl bedeuten würde, dass jetzt erst mal ein paar tausend Generationen nur noch Obst und Gemüse essen müssten, bis die Menschheit wieder richtig tickt. Doch sie glauben auch, dass jeder Mensch, der damit anfängt, zum alten Gleichgewicht zwischen seinen Gehirnhälften beiträgt. Besonders dann, wenn er sich mit Dingen beschäftigt, die seine rechte Gehirnhälfte stimulieren, wie Meditation, religiöse Rituale oder Kunst.

Ich habe bereits herausgefunden, dass Neurochemie etwas mit mir macht. Rohe, pflanzliche Nahrung fördert die Produktion des Neurotransmitters Serotonin, der durch seine Wirkung auf das Zentralnervensystem ein Gefühl der Gelassenheit, innere Ruhe und Zufriedenheit erzeugt. Serotonin dämpft Angstgefühle, Aggressivität, Kummer und das Hungergefühl. Das könnte der Grund dafür sein, weshalb „Fully Raw"-Kristina über sich sagt, dass sie sich „unentwegt high" fühlt, Douglas Graham das Ausbleiben seiner Heißhunger-Attacken betont und ich positiver denke. Für mich stellt sich damit auch noch eine andere Frage: Schätzungen zufolge nehmen 70 Millionen Europäer Psychopharmaka, und da sind die Menschen, die ganz normal unglücklich sind und sich mit Alkohol oder Einkaufen behelfen, noch gar nicht mitgerechnet. Welche Verbindung besteht hier zu unserem aktuellen Ernährungssystem?

„Fully Raw"-Kristina spricht in diesem Zusammenhang aber nicht nur über ihr „High"-Gefühl. In einem ihrer Videos erzählt sie auch, dass ihre Ernährungsumstellung ihre Hormone über diese Glücksgefühle hinaus positiv beeinflusst habe. Ihr Charakter habe sich verändert. Sie sei sehr schüchtern gewesen, heute sei sie redselig und extrovertiert. Sie fühle sich angstfrei, mental stabil und klarer. Auch Douglas Graham sieht bei sich seit seiner Ernährungsumstellung eine größere Klarheit. Er habe davor auch große Scheu vor öffentlichen Auftritten gehabt, die jetzt ganz weg sei. Mir selbst fällt auf, dass ich mich eindeutig besser konzentrieren kann und dass ich weniger Bedürfnis nach ständiger Kommunikation habe. Wenn ich früher mein Handy daheim liegen gelassen hatte, packte mich das Entsetzen, jetzt finde ich es manchmal sogar angenehm. Mein Gefühl, verbunden zu sein mit der Welt, den Menschen, der Natur sowie mit einem größeren Ganzen, scheint tatsächlich ausgeprägter zu sein.

Stimmt es wirklich, dass meine Ernährungsumstellung auf nur noch rohes Obst und Gemüse neurochemische Prozesse in meinem Gehirn in Gang bringt, die meine Persönlichkeit und meine Wahrnehmungen verändern? Was lasse ich hinter mir und was gewinne ich, und welche Fähigkeiten kann ich auf diese Art entwickeln?

Tag 150

Es ist ein schöner Sommerabend. Yoona und ich machen uns gegen zehn Uhr gemeinsam auf den Heimweg vom Büro, wobei ich mein Rad neben ihr herschiebe. Links und rechts auf dem Lenker hängen Papiertaschen voller Obst und Gemüse. Am Karlsplatz hat Yoona keine Lust auf U-Bahn. Sie nimmt am Gepäckträger Platz. Mein Rad ist für Last gebaut, und Yoona wiegt gefühlt ohnedies weniger als die beiden Taschen.

Wir kommen gut voran. Yoona plaudert unterwegs auf Deutsch und Englisch mit mir, als wäre sie es gewohnt, auf Gepäckträgern gefahren zu werden. Die Luft scheint dabei durch mich hindurchzuströmen. Es ist, als würde mir das Atmen mehr Spaß machen als früher. Lautlos gleiten ein paar andere Radfahrer an uns vorbei.

Meine Lebenssituation läuft allmählich auf eine kleine Kommune hinaus, denke ich. Lena, die eigentlich keine richtigen Aufgaben mehr hat, Yoona und ich. Birkenstock und roh vegan, Hanfhemden und Reinigung der Seele, Nachdenken über Widerstand und den Ausstieg aus den Systemen, irgendwie passt das alles zusammen. An einem wundervollen Abend wie diesem fällt es mir leicht, Veränderungen jeder Art gut zu finden und mehr davon zu wollen.

Aus der Karlskirche strömen Menschen. Offenbar ist dort eben ein Konzert zu Ende gegangen. Männer und Frauen, die sich für den Abend schön gemacht haben, stehen vor dem weitläufigen Wasserbecken mit der Plastik von Henry Moore und diskutieren wahrscheinlich, was sie noch unternehmen könnten. Ich fühle mich frei, als ich an ihnen vorbeifahre. Nicht in ihrem Sinn Mittelschicht zu sein zu, fühlt sich an diesem Abend wie ewige Jugend an.

Wir werden richtig schnell. Yoona scheint das lustig zu finden. Wir fahren die Favoritenstraße hinauf, und am liebsten wäre ich mit ihr bis an den Stadtrand gefahren, doch auf einmal sind wir da. „Das war schön", sage ich zu ihr, als wir absteigen. „Findest du nicht?" Mitten auf der Straße, auf der zu dieser Zeit kaum Autos unterwegs sind, lächeln wir uns an.

In der Küche presse ich ein paar Orangen für uns aus. „Auf unsere Radfahrt", sage ich, als ich ihr ein Glas reiche.

Sie lacht. Lachen ist bei ihr ein Ausdruck für alle möglichen Gefühlsregungen. Es kommt darauf an mitzudenken, um herauszufinden, warum sie gerade lacht. In diesem Moment sieht sie mit ihren in der Mitte gescheitelten schwarzen Haaren und ihren schwarzen Augen aus, wie ich mir Nschotschi immer vorgestellt habe, Winnetous Schwester, die große unerreichbare Liebe meiner Jugend. Yoona lacht, als wüsste sie das.

Als sie im Bad ist, notiere ich in meinem elektronischen Notizbuch, dass auch über den guten Momenten immer der Schatten des angeblich Normalen liegt. Er kommt mit Zweifeln. Vielleicht stimmt es doch, dass nur noch Obst und Gemüse zu essen auf Dauer gefährlich ist, und vielleicht gilt das nicht nur für den Körper, sondern auch für den Geist und die Seele? Ich frage mich selbst in diesem schönen Moment leise im Hintergrund, ob mein derzeitiges Leben nicht einfach ein Zeichen dafür ist, dass ich langsam verrückt werde. Schreibe ich gerade ein detailliertes Protokoll meines Weges über eine Essstörung in eine Psychose, die Psychologiestudenten eines Tages als Anschauungsmaterial bekommen werden?

SCHOKOLADE-PUDDING

Zutaten: eine weiche Khaki, zwei Esslöffel Wasser, fünf weiche (in wenig Wasser eingeweichte) Datteln, zwei Esslöffel rohes Kakaopulver, zwei Esslöffel Avocado.

Zubereitung: Alle Zutaten cremig pürieren.

Bei uns erschien einmal die wahre Geschichte eines jungen Mannes, der in einer Psychose vier Stunden lang mit einem Bügeleisen auf seinen Vater einschlug, bis der tot in seinem Blut lag. Bei der Arbeit mit diesem jungen Mann suchte ich vergeblich nach den Grenzen zwischen Normalität und Wahnsinn. Der Übergang ist fließend, stellte ich fest, eine Erkenntnis, die mich damals beunruhigte.

Während ich noch in mein Handy-Notizbuch tippe, frage ich mich schon wieder, warum sich nie ein Öko-Handy durchgesetzt hat und was ein glaubwürdiges Öko-Handy können müsste. Falls ich gerade verrückt werde, werde ich jedenfalls ein netter Verrückter sein, denke ich. Ich werde bestimmt niemanden mit einem Bügeleisen erschlagen. Ich werde mir die Haare wachsen lassen und Blumen darin tragen. Wenn ich wirklich gerade verrückt werde, macht verrückt zu sein vielleicht sogar richtig Spaß.

Ich werfe die Orangenschalen in den Müll und bekomme das Bedürfnis, einen eigenen Komposthaufen anzulegen, die Erde zu betrachten, die aus ihm entsteht, und mit ihr etwas zu machen, zum Beispiel ein Gemüsebeet. Ich frage mich, worin ich mich noch von den WG-Hippies der Siebzigerjahre unterscheide, mit denen mich Miriam neuerdings gerne vergleicht. Sie haben getrunken und gekifft, was ich nicht tue, und ich habe das Gefühl, ihnen in diesem Punkt um mindestens eine Zeitenwende voraus zu sein. Denn ich vermute die großen Abenteuer dieses Universums schon lange nicht mehr wie sie in der Benommenheit, sondern in der Klarheit. Drogen sind bestenfalls der Versuch einer Abkürzung dorthin, denke ich, aber die führt wohl nirgendwo hin. „Was machst du da?", fragt Yoona, als sie mich in der Küche tippen sieht.

Ich erkläre ihr, dass ich ein Buch schreibe. Mit ihren wachsenden Deutsch- und Englischkenntnissen versteht sie, wovon es handeln wird. „Was hast du gerade geschrieben?", fragt sie.

„Dass wir vielleicht auch Momente des Glücks als bedrohlich empfinden, wenn es andere Momente sind, als die uns vertrauten", sage ich. Ich sehe sie an.

„Ich habe es verstanden", sagt sie.

Mir wird bewusst, dass mir Yoona und Lena inzwischen fehlen würden. Ich mag es nicht, wenn ich dusche und eine von ihnen etwas mit dem Wasserhahn in der Küche tut, sodass die Dusche abwechselnd kälter und wärmer wird, aber ich mag es, wenn die Wohnung morgens nach ihren Toasts riecht. Ich mag das Chaos, das mit ihnen bei mir eingezogen ist, und den Umgang mit ihnen, selbst wenn es Konflikte oder sogar Groll gibt. Eben war ich noch sicher gewesen, meine Wohnung für mich allein zu brauchen, jetzt habe ich nicht einmal mehr das Gefühl, dass es meine Wohnung ist, sondern dass es unsere ist.

Wahrscheinlich haben Wright und Gynn recht, denke ich. Die durch meine Ernährung veränderte Neurochemie verändert meine Persönlichkeit. Zumindest erscheint mir das als schlüssigste Erklärung dafür, warum ich als Mensch mit Hang zur Egozentrik und relativ starren Grenzen um sich auf einmal nahezu sozial werde.

Tag 163

Ein junger Autor hat mir einen Fantasyroman geschickt, der von den Wirrungen eines Zauberschülers handelt. Einmal spricht der Zauberschüler mit seinem Meister. „Ich habe es nicht gewagt, mich meinen Dämonen zu stellen", sagte der Schüler. „Weise", sagte der Meister. „Doch nenne sie nicht Dämonen. Jeder von uns hat eine Seite, die er nicht zeigt, die im Dunklen verborgen liegt. Diese Gedanken und Gefühle als Dämonen zu bezeichnen ist nicht Recht." Ich mag die Szene irgendwie. Sie erinnert mich an eine Stelle aus einem Buch mit asiatischen Weisheiten, das seit einer Weile auf unserem Klo liegt und dessen Herausgeberin den Anspruch erhebt, dass diese Weisheiten für alle Religionen gleichermaßen gelten. Eine handelt davon, dass es weder möglich noch nötig wäre, unsere dunklen Seiten zu überwinden. „Solange sich Begierde, Zorn und so weiter auf die Welt und die weltlichen Dinge richten, sind sie Feinde", heißt es dort. „Doch auf die Gottheit gerichtet, werden sie die besten Freunde des Menschen, denn sie führen ihn zu ihr hin. Den Zorn, den du gegen deine Mitmenschen richtest, musst du gegen Gott richten, weil er sich dir nicht offenbart."

Dennoch frage ich mich, ob die europäische Version der Geschichte von der unvermeidlichen dunklen Seite jedes Menschen nicht zum Teil bloß humanistische Phrasen sind, die persönliche Schwächen, gegen die der Humanismus keine Abhilfe gefunden hat, notgedrungen romantisiert und damit legitimiert. Besonders seit ich für mich die Akte Gier geschlossen habe, fällt mein Blick öfter auf meine eigenen sogenannten dunklen Seiten, was durchaus schmerzlich sein kann. Denn dabei fällt mir auf, dass es beträchtliche Unterschiede zwischen mir und meinen Vorstellungen von mir gibt. Ich entdecke meine Routine, bestimmte Handlungen, Gedanken und Fantasien von meiner Selbstreflexion einfach auszuschließen.

Es fing damit an, dass mich das Gefühl verließ, ich sei tendenziell ein guter Mensch, während die Welt tendenziell schlecht ist, und dass alles, was ich Schlechtes tue, durch die Schlechtigkeit der Welt ohnedies gerechtfertigt ist. Inzwischen beobachte ich mich bei Verhaltensweisen, die nicht zu meinen Vorstellungen von mir passen. Je länger ich mich dabei beobachte, desto mehr Umrisse und Konturen kriegen meine dunklen Seiten. Es fühlt sich an, als würde meine neue Art zu essen sie allmählich aufhellen und mich auf neue Weise mit ihnen verbinden.

Ich beobachte mich jetzt zum Beispiel dabei, wie ich mit anderen umgehe, wie ich, halbherzig legitimiert durch ein auf Unabhängigkeit ausgerichtetes Lebensmodell, Beziehungen auf nette Begegnungen reduziere, wie ich mich bei Freunden oft nur dann melde, wenn ich etwas von ihnen brauche, und sei es eine Brücke über einen Moment der Einsamkeit, wie ich Mitarbeiter als die Menschen sehe, die ich von ihnen zu sein verlange, statt als jene, die sie sind, und wie ich Taxifahrer, Kellner, Verkäufer und Briefträger wie Gegenstände behandle, die keine Augen haben, in die ich sehen könnte.

Dieser Prozess ist manchmal anstrengender als die Konfrontation mit meiner Gier, und niemand hat mich darauf vorbereitet. Veronika nicht, „Fully Raw"-Kristina nicht und Mr. „80.10.10." Douglas Graham auch nicht. Es reicht dabei auch nicht, eine neue Version meiner Körperhaltung oder meines Denkens abzurufen, ich muss vielmehr eine Art neue Version von mir selbst abrufen.

Immerhin motivieren mich meine Erfolge. Ich merke, dass ich authentischer werde, und wenn ich es schaffe, bei Begegnungen in meiner neuen Version zu verweilen, denke ich hinterher: Wow, so bin ich also wirklich. Hätte ich gewusst, was alles mit der Reinigung des Geistes und der Seele einhergeht, denke ich manchmal, hätte ich die in allen Religionen wichtigen Fastenzeiten und das uralte Wissen über ihre positiven Wirkungen schon immer viel ernster genommen. Denn liege ich richtig, haben sie einen sozialen Wert, der ihren spirituellen Wert erst bedingt. „So wie die Morgenröte die aufgehende Sonne verkündet, eilen Aufrichtigkeit, Selbstlosigkeit, Reinheit und Rechtschaffenheit der Ankunft des Herrn voraus", steht in dem Buch auf unserem Klo.

Ich verhalte mich noch immer manchmal unangemessen. Zum Beispiel neige ich dazu, wenn wir im Verlag ein Buch an den Start bringen und meine Nerven gespannt sind, weil nicht gleich alle Welt darüber spricht. Doch es gibt im Vergleich zu früher einen Unterschied. Das Brutale ist weg. Wenn ich meinem Team in so einer Phase nach kleinen Fehlern laut vorhalte, dass es kein Verlagsteam, sondern ein Verlagszerstörungsteam ist, fühlt sich mein unangemessenes Verhalten wie eine Persiflage seiner selbst an. So kommt es offenbar meistens auch rüber.

Früher lief immer jemand rot an, sprang auf und rannte hinaus, schrie, dass er sich das nicht gefallen lassen müsse oder fing zu weinen an. Jetzt läuft das anders. „Reg dich ab", sagte beim letzten Mal Raul zu mir, „das wird alles schon noch."

Ich betrachte mich weniger als Mittelpunkt der Welt. Während ich Menschen früher in Bezug zu mir stellte, sie in Freunde und Feinde sowie in beruflich und privat einteilte und mich damit in die Lage versetzte, selbst bestimmen zu können, wer in welcher Weise an mich herankommt, erscheint mir dieses Konstrukt jetzt kompliziert und anstrengend. Ich stelle fest, dass ich Menschen, ganz ohne daran zu denken, öfter und selbstverständlicher in die Augen sehe als früher. Wenn ich am Naschmarkt einem Händler in die Augen sehe, während er mir über den Stand hinweg Khakis oder Radieschen reicht, bedeutet schon das für mich, auf der Welt zu sein, und nicht bloß in meinem Kopf.

In meinem Leben findet insgesamt eine neue Lebendigkeit statt. Ich fühle mehr, ich hoffe mehr, ich sehne mich mehr. Ich empfinde mich im Vergleich zu früher als offener, persönlicher und empathischer, als mutiger, und das bringt mir manchmal eine Form von Respekt, die mir neu ist und gefällt. Ich werde großzügiger gegenüber anderen. Ich verzeihe es ihnen eher, wenn sie Unsinn reden. Ich werde dadurch kommunikativer, weil ich es mir so auch selbst eher verzeihen kann, wenn ich Unsinn rede. Mein kolossaler Anspruch des Wissenwollens, wer ich bin und was ich will, reduziert sich langsam auf die Frage, wofür ich gut bin und was ich Nützliches zum Funktionieren der Gemeinschaften, denen ich angehöre, beitragen kann. Die für mich neue Intensität in meinen Begegnung mit anderen

SCHOKOLADEKUCHEN

Zutaten für den Teig: 100 Gramm Kokosraspeln, 300 Gramm Datteln (Medjool-Datteln oder andere, zuvor mehrere Stunden lang in Wasser eingeweichte Datteln), 150 Gramm Walnüsse, zwei Esslöffel rohes Kakaopulver.

Zutaten für die Schokoladecreme: eine Avocado, zwei Bananen, fünf Medjool-Datteln, ein Esslöffel Chiasamen, fünf Esslöffel rohes Kakaopulver.

Zubereitung: Alle Zutaten für den Teig in einem Foodprocessor mixen, bis eine homogene Masse entsteht. Dann den Teig in eine niedrige Tortenform pressen und am Rand ein wenig hochziehen. Die Zutaten für die Schokocreme im Mixer zu einer Crème pürieren. Auf den Teig verteilen.

erleichtert mir das Leben im Augenblick, eine Sache, an der ich bisher eher gescheitert bin. Ich habe das Gefühl, mich dabei allmählich zu einem Menschen zu entwickeln, den unsere Autorin, die Ärztin und Psychotherapeutin Martina, mit dem gleichen Wort benennt, das auch Veronika einmal verwendet hat: zum „selbstmächtigen" Menschen. Im Gegensatz zu asozialen und letztlich einsamen Narzissten sei der selbstmächtige Mensch seine eigene *good enough mother,* schreibt Martina in ihrem zuletzt bei uns erschienen Buch. Er verstehe es, die Bedürfnisse seines inneren Kindes wahrzunehmen und zu erfüllen. Er begreife Materielles als Betriebsmittel der Lebensgestaltung und nähre nicht sein Ego damit. Er sei sich seiner Individualität bewusst und beanspruche seinen persönlichen Raum, nicht mehr und nicht weniger. Er verstehe sich als einzigartig aber nicht besonders im Bezug auf das jeweilige Ganze, in dem er seine Aufgabe zu übernehmen hat.

Um die verschiedenen Masken des Egos ablegen zu können, schreibt Martina weiter, gelte es, sie sich im ersten Schritt zu vergegenwärtigen, sich ihrer bewusst zu werden. Dies sei ein schmerzvoller, Wahrhaftigkeit und Authentizität erfordernder Prozess, eine Gewissenserforschung der anderen Art, die unweigerlich einer Selbstentlarvung gleichkomme. „Was würdest du dazu sagen, dass der Prozess, der uns zu selbstmächtigen Menschen macht, uns die Masken unseres Egos und die Rollen der Narzissten ablegen lässt, womöglich durch eine Ernährungsumstellung auf nur noch rohes Obst und Gemüse in Gang kommt?", frage ich Martina, als ich zur Besprechung ihres nächsten Buches in der Küche ihrer Wohnung in der Wiener Neubaugasse sitze.

Martina, eine zierliche Frau ungefähr meines Alters, die gerne Motorräder fährt, die fünfmal so schwer wie sie sind, und die jüngst eine Ehrenprofessur der Stadt Wien erhalten hat, sieht zuerst die Reste meiner beiden Mangos am Küchentisch und dann mich an. „Ein interessanter Gedanke", sagt sie.

Tag 224

Die Wahrscheinlichkeit, dass die Welt so ist, wie sie mir erscheint, ist wohl eher gering. Mich beschäftigt dieser Gedanke wieder einmal. Zum ersten Mal tat er es, als ich 21 war und mich der Wiener Jazz-Saxophonist Uzzi Förster, in dessen Kneipe ich als Kellner arbeitete, mit seinem Bruder, dem Physiker und Kybernetiker Heinz von Förster, bekannt machte. Ich traute es schon Uzzi zu, der ein Verwandter Ludwig von Wittgensteins war und dessen Mutter als Muse Oskar Kokoschkas gegolten hatte, womöglich mehr über das Leben und alle Dinge zu wissen, als ich je erfahren würde. Umso mehr traute ich das seinem aus den USA angereisten Bruder zu, der sich als Direktor des *Biological Computer Laboratory* in Illinois unter anderem mit dem Versuch befasste, biologische Prozesse zu analysieren, zu formalisieren und auf Rechnern zu implementieren.

Nachdem ich mich in Uzzis Gartenhäuschen in der Nähe der Alten Donau vor Nervosität und Ehrfurcht die ganze Zeit nicht ins Tischgespräch eingemischt hatte, wandte sich Heinz von Förster an mich. „Die Wirklichkeit ist hundert Prozent“, sagte er übergangslos. „Wir Menschen sind mit fünf Sinnen ausgerüstet, die uns in die Lage versetzen, ein paar dieser hundert Prozent wahrzunehmen. Doch was wir wahrnehmen, ist so wenig die Wirklichkeit, wie eine Radmutter, ein Ölkännchen und ein Rückspiegel ein Auto sind. Wir nehmen nicht die Welt wahr, sondern bloß ein paar Dinge, für die unsere Sinne gemacht sind und aus denen jeder seine eigenen Schlüsse zieht. Unser Verstand reicht aber bei weitem nicht, um aus ihnen auch nur annähernd auf so etwas wie eine wirkliche Wirklichkeit zu schließen.“

Mir war damals nicht klar, dass der zu diesem Zeitpunkt schon greise Heinz von Förster wohl bloß die Grundidee der radikalen Konstruktivisten, zu denen er zählte, in eine deppensichere Form zu gießen versucht hatte: Wahrnehmung liefert nie ein Abbild einer bewusstseinsunabhängigen Realität, sondern Realität ist individuell, sie ist für jeden Menschen immer eine Konstruktion aus Sinnesreizen und Gedächtnisleistung. Ich verbrachte mein Leben dann mit einer Art Trash-Version des radikalen Konstruktivismus. Meine Schlussfolgerung lautete: Wenn Wahrnehmung subjektiv ist, bleibt Objektivität eine Illusion und Wahrheit eben These, was jegliche Form von Unverbindlichkeit im Denken und Handeln legitimiert.

Doch seit der Umstellung meiner Ernährung auf nur noch rohes Obst und Gemüse befriedigt mich das nicht mehr so richtig. Ich beginne zu vermuten, dass es sehr wohl eine bewusstseinsunabhängige Wirklichkeit gibt, eine Wahrheit, die sich vielleicht nicht nach den Kriterien der Logik vermessen lässt, aber immerhin nach denen der Ethik.

Unter Bonhoeffers Texten fand ich einmal einen, der mich darin bestärkt: „Jedes Wort, das ich überhaupt rede, steht unter der Bestimmung, wahr zu sein“, schreibt er. „Ganz abgesehen von der Wahrheitsgemäßheit seines Inhaltes, ist schon das in ihm ausgedrückte Verhältnis von mir zu einem anderen Menschen wahr oder unwahr. Je nachdem, zu wem ich spreche, von wem ich gefragt bin, worüber ich spreche, muss mein Wort, wenn es wahrheitsgemäß sein will, ein verschiedenes sein. Das wahrheitsgemäße Wort ist nicht eine in sich konstante Größe, sondern ist so lebendig wie das Leben selbst. Wo es sich vom Leben und von der Beziehung zum konkreten anderen Menschen löst, wo die ‚Wahrheit gesagt wird' ohne Beachtung dessen, zu dem ich sie sage, dort hat sie nur den Schein, aber nicht das Wesen der Wahrheit."

Bonhoeffers Sätze erschließen sich mir in ihrem ganzen Sinn allerdings nur unter Einbeziehung von etwas Göttlichem, das in und durch uns Menschen wirkt und dem Bonhoeffer ja auch sein Leben gewidmet hat. Ein Umstand, der mich in einen neuen Konflikt mit meiner inneren Miriam bringt. Wohl deshalb, weil etwas Göttliches einfach so in die eigenen Überlegungen einzubeziehen, ziemlich unsexy ist. Denn es liegt in der Natur des katholisch geprägten Bildungsbürgertums, dem ich entstamme, die Grenzen der Welt dort zu verlegen, wohin der eigene Horizont reicht, und alles jenseits dieser Grenzen dem Herrn im Himmel zuzuweisen. Ein Konzept, das sich mit etwas Starrsinn über die Spanne eines Lebens durchhalten lässt und das es gestattet, sich selbst als Mittelpunkt der Welt zu sehen. Doch schon die im Vergleich dazu leicht fortgeschrittene These eines im Menschen wirkenden Gottes passt da nicht mehr richtig dazu. Denn wer oder was ist dann der Mittelpunkt der Welt?

Diese vom katholisch geprägten Bildungsbürgertum verlegten Grenzen der Welt aufzuheben, bedeutet zwangsläufig, logisch nicht erfassbare Dinge zumindest probeweise als gegeben anzunehmen und mit ihnen zu kalkulieren. Ich tue das seit der Umstellung meiner Ernährung auf nur noch rohes Obst und Gemüse jedenfalls intensiver als davor. Während die Einheit von Körper, Geist und Seele innerhalb von etwas Größerem für mich davor eher ein Geschäftsmodell für teure Wellness-Hotels war, wird sie jetzt zu einem Gebiet meiner regelmäßigen empirischen Forschung. Die Frage, wer oder was Gott ist und was er kann, interessiert mich mehr als bisher, oder besser: Mehr als bisher fällt mir auf, dass sie mich immer schon interessiert hat.

Ich kann das relativ leicht anhand der Notizen nachvollziehen, die ich mir jeden Tag mache. Wenn ich intensiv an einem Text arbeite, und an irgendeinem Text arbeite ich meistens intensiv, fliegen mir als Teil des kreativen Prozesses Beobachtungen und Einsichten zu, die ich dafür benötige. Sie kommen wie aus dem Nichts und haften nur lose in meinem Gedächtnis, sodass ich sie rasch aufschreiben muss, um sie zu sichern. Manchmal fliegen mir dabei auch Beobachtungen und Einsichten zu, die zu keinem bestimmten Text zu passen scheinen und die ich sammle, um vielleicht später einmal etwas daraus zu machen. Seit ich meine Ernährung auf nur noch rohes Obst und Gemüse umgestellt habe, fliegen mir auf diese Art vergleichsweise oft Beobachtungen und Einsichten zu, die sich mit Gott befassen.

Meine innere Miriam kriegt davon endgültig die Krise, weil sie einen essgestörten radikalen Marxisten ja noch irgendwie lustig findet, ihr aber einer mit religiösem Wahn dann doch zu abgefahren ist. Dabei ließe sich auch diese Bewusstseinsveränderung mit Neurochemie erklären: In der rechten Gehirnhälfte, die laut Wright und Gynn unter der Einwirkung von Pflanzenchemie aufblüht, sitzt mit dem Gefühl für die Verbundenheit auch die Spiritualität.

Mir erscheint dabei dieser Gott, der sich auf diese Weise in mein Leben drängt, nicht so fern und unlogisch wie jener, den ich einst als Schüler eines katholischen Konvikts anzubeten hatte. Der Zugang jener Astrobiologen, die eine theoretisch wissenschaftlich erforschbare höhere Intelligenz als Erschaffer des Universums betrachten, ist mir da weitaus sympathischer. Ich glaube jetzt, dass die wirkliche Wirklichkeit hinter allem, deren Existenz Heinz von Förster in unserem kurzen Gespräch für mein Gefühl zumindest offen gelassen hat, eigentlich simpel wäre, weil alle großen Dinge für jene, die sie einmal kennen, simpel sind. Beziehe ich die Evolution mit ein und gehe ich grundsätzlich von der Existenz von etwas Göttlichem aus, dessen Willen die Evolution zwangsläufig folgen muss, muss es so sein, dass Gott uns Menschen nicht erschaffen hat, sondern gerade dabei ist, uns zu erschaffen. Denn es gibt zwar einen Anfangspunkt der Evolution, einen Endpunkt gab es aber weder je, noch ist einer in Sicht.

Das bedeutet, auch wenn sich jede Generation für die Krone der Schöpfung hält, dass wir nur Entwicklungsstufen auf dem Weg zum Menschen sind. Wir wissen nicht einmal, wie weit der Weg dorthin noch ist, und die von Wright und Gynn ins Spiel gebrachte Möglichkeit, dass wir schon einmal viel weiter waren, relativiert uns als Entwicklungsstufe noch mehr. Das Problem des fehlenden Gliedes zwischen Affe und Mensch wäre damit auch gelöst: Dieses fehlende Glied sind wir.

Gehe ich weiter davon aus, dass der den Menschen erschaffende Gott in uns Menschen wirkt, womit er dann wohl über unser Gewissen und unsere innere Stimme mit uns kommuniziert oder zumindest zu kommunizieren versucht, kann es nur stimmen, dass er sich dabei unserer Neurochemie bedient. Zumindest fällt mir das als einzige Erklärung dafür ein, dass mein Gewissen jetzt eine andere Bedeutung für mich hat und ich meine innere Stimme besser hören kann. Womit auch die für mich bisher offen gebliebene Frage beantwortet wäre, was die Aufgabe von uns Menschen auf diesem Planeten über das Scheißen von Samen in die Landschaft und die Schaffung des größtmöglichen Komforts für uns selbst hinaus sein könnte. Wir sind dann wohl Teil eines göttlichen Planes, dessen Funktionieren unsere Verbundenheit mit diesem Planeten voraussetzt, dessen Details wir aber weder kennen können noch müssen.

Manchmal stelle ich mir vor dem Einschlafen die Frage, wie Gott das macht, uns Menschen zu erschaffen, wie wohl sein kreativer Prozess verläuft. Da ich glaube, dass Gott, wenn er etwas nass machen will, sich des Wassers bedient, stelle ich mir vor, dass er bei der Erschaffung des Menschen sich der Urprinzipien, die allen kreativen Prozessen zugrunde liegen, bedient. Zu diesen Urprinzipien gehört es auch, Varianten zu entwickeln und wieder zu verwerfen. Wenn Yoona Buchcover macht, halten wir Entwürfe eine Weile für genial, bis wir sie unversehens verwerfen und ganz neu anfangen. Vielleicht geht es Gott mit uns auch so, denke ich manchmal. Vielleicht hält er uns gerade für genial, feilt noch ein paar Jahre oder ein paar Jahrtausende an uns herum, verwirft uns dann als Variante wieder und macht etwas ganz Neues.

Es ist wohl nur unsere Arroganz, die uns glauben lässt, dass das nicht geht, jene Arroganz, die unser zentraler Baufehler als Spezies zu sein scheint, denke ich. Denn vermutlich ist Zeit für Gott keine Dimension, weshalb es ihm auch nicht auf ein paar Millionen Jahre neuerlicher Evolution mehr oder weniger ankäme. Er könnte den Homo Sapiens problemlos platt machen und unsere Zivilisation in Schutt, Asche und Biomüll legen, um noch einmal ganz von vorne anzufangen. Schließlich gibt es Urmenschen, die wieder ausgestorben sind, und vielleicht werden wir früher oder später auch ausgestorbene Urmenschen sein, Vorgängermodelle von etwas Besserem. Woraus sich neben einer gottgegebenen Pflicht, aus diesem unserem Leben ein gesundes und glückliches zu machen, auch so etwas wie ein Recht dazu ableiten lässt.

Ich habe keine Lust, die echte oder auch nur meine innere Miriam nach ihrer Meinung dazu zu fragen. Ich frage lieber Veronika. „Ich glaube, dass es die nächste große Aufgabe der Menschheit ist, ihre Ernährung zu ändern", antwortet sie.

Schluss

Manchmal wache ich noch immer am Morgen auf und kann mir im ersten Moment nicht vorstellen, dass das wirklich geht: nichts anderes als rohes Obst und Gemüse zu essen. Doch es ist auch Routine geworden. Ich esse einfach fürs Erste weiterhin, was immer in mir und um mich vorgeht, jeden Tag nichts anderes als rohes Obst und Gemüse. Gestern zum Beispiel bestand mein Essen aus zwölf Bananen, zwölf großen Medjool-Datteln, drei Mangos, einer Tasse Physalis, einem großer Endiviensalat, einem halben Radicchio-Salat, einer Tasse Mungobohnensprossen, vier Stangen Sellerie, fünf Orangen, einer Avocado, drei Tomaten, einer halbscharfen Pfefferoni, einer Knoblauchzehe, etwas Schnittlauch und etwas Petersilie. Dazu habe ich etwa drei Liter Wasser getrunken. Das war für mich etwa so normal wie früher, wenn ich zum Frühstück Müsli, etwas Käse und ein weiches Ei, zu Mittag Spaghetti aglio e olio mit grünem Salat und am Abend ein Lachsfilet mit Petersilkartoffel gegessen habe.

Es kommt mir dabei vor, als hätte ich noch nie zweimal das Gleiche gegessen, denn Obst und Gemüse sind mir inzwischen so vertraut, dass jede Kleinigkeit, jede veränderte geschmackliche Nuance, beträchtliche Bedeutung für mich erlangt. Ein Erdbeer-Bananen-Smoothie zum Beispiel schmeckt immer anders. Es hängt von der Herkunft, der Art, dem Reifezustand und dem Mischungsverhältnis der Früchte ab. Demnächst fange ich mit großen Kochbananen zu experimentieren an, die laut Veronika sättigender als normale Bananen sind. Sie hat mir erklärt, dass ich sie liegen lassen muss, bis ihre Schalen schwarz sind. Dann sind sie roh genießbar und süß und haben mehr Kalorien als herkömmliche Bananen.

Unter kundiger Anleitung nur noch rohes Obst und Gemüse zu essen, war eine von den guten Entscheidungen meines Lebens. Vieles ist für mich dadurch besser geworden. Ich habe das Gefühl, mehr als bisher in mir angekommen zu sein. Viele Unterschiede zwischen dem, was ich sein wollte und zu sein dachte und dem, was ich war, sind verschwunden.

Ich weiß nicht, ob das auch für andere gelten würde, aber für mich kann ich sagen, dass es stimmt: Ich bin durch die Umstellung meiner Ernährung auf nur noch rohes Obst und Gemüse nicht nur schlanker, stärker und gesünder, sondern, für meine Verhältnisse, auch klarer im Kopf, empathischer und spiritueller geworden.

Außerdem halte ich jetzt die Geschichte vom Glück, das eine Sache flüchtiger Momente ist, für nur eine weitere von den falschen Legenden. Sie kommt mir manchmal sogar wie ein richtig tragischer Irrtum vor. Es erscheint mir jetzt eher plausibel, dass Glück genau wie Gesundheit der natürliche Zustand des Menschen ist und Unglück genau wie Krankheit ein von Natur aus vorübergehender, und dass wir auf das eine wie auf das andere Einfluss nehmen können, indem wir uns überlegen, welche Lebensmittel wir mit unseren Zähnen zerkleinern und hinunterschlucken. Denn ich fühle mich zwar noch immer nicht wie „Fully Raw“-Kristina unentwegt high, aber ich weiß, was sie meint. Die Grundbeleuchtung meines Lebens hat sich ungefähr so verändert wie die meines Bildschirms, wenn ich zwei oder drei Mal auf die Taste mit der großen Sonne darauf tippe.

Ich habe dabei wie bei allen anderen Veränderungen das Gefühl, dass ich nach knapp einem Jahr erst am Anfang bin.

Das Merkwürdigste ist, dass mich jetzt alle Welt für einen besonders disziplinierten Verzichts-Apostel hält. In Wahrheit kasteit sich alle Welt beim Essen mehr als ich. Ich esse von den Dingen, die ich inzwischen tatsächlich am liebsten esse, einfach so viel ich will, und wenn ich noch mehr will, mache ich es wie Kristina und esse noch mehr davon, in dem Wissen, dass es richtig für mich ist und mir gut tut. Wer kann das schon von sich behaupten?